Elke Deparade

W0362761

Methodenlernen in der gymnasialen Oberstufe

Prozess – Produkt – Präsentation

Lehrerband

C.C.BUCHNER VERLAG · BAMBERG

Methodenlernen in der gymnasialen Oberstufe
Prozess – Produkt – Präsentation
Bearbeitet von Elke Deparade

1. Auflage, 2. Druck 2016
Alle Drucke dieser Auflage sind, weil untereinander unverändert, nebeneinander benutzbar.

Dieses Werk folgt der reformierten Rechtschreibung und Zeichensetzung. Ausnahmen bilden Texte, bei denen künstlerische, philologische oder lizenzrechtliche Gründe einer Änderung entgegenstehen.

© 2013 C.C. Buchner Verlag, Bamberg
Das Werk und seine Teile sind urheberrechtlich geschützt. Jede Nutzung in anderen als den gesetzlich zugelassenen Fällen bedarf der vorherigen schriftlichen Einwilligung des Verlags. Das gilt insbesondere auch für Vervielfältigungen, Übersetzungen und Mikroverfilmungen. Hinweis zu § 52 a UrhG: Weder das Werk noch seine Teile dürfen ohne eine solche Einwilligung eingescannt und in ein Netzwerk eingestellt werden. Dies gilt auch für Intranets von Schulen und sonstigen Bildungseinrichtungen.

Redaktion: Simon Hameister
Layout und Satz: ism Satz- und Reprostudio GmbH, München
Illustrationen: Phillipp Schmid, München
Umschlag: ism Satz- und Reprostudio GmbH, München
Druck und Bindung: creo Druck & Medienservice GmbH, Bamberg

www.ccbuchner.de

ISBN 978-3-661-29002-7

Inhaltsverzeichnis

Liebe Lehrerinnen und Lehrer,

Schüler- und Lehrerband „Methodenlernen in der gymnasialen Oberstufe“ sind nach nunmehr acht Jahren überarbeitet worden und liegen Ihnen nun erweitert und ergänzt vor. Beide bilden nach wie vor eine Einheit und sollen Schüler und Lehrer befähigen, den Prozess von Methodenschulung und wissenschaftspropädeutischer Arbeit bei der Erstellung einer Facharbeit zu einem selbstgewählten Thema und der Präsentation sowie Verteidigung der Arbeitsergebnisse in einem Kolloquium erfolgreich zu bewältigen. Die Facharbeit und das Kolloquium werden durch eine Teamleistung von drei bis fünf Schülern[1] über die Arbeitsphasen Prozess – Produkt – Präsentation als besondere Lernleistung in der gymnasialen Oberstufe erbracht. Der Lehrer sollte sich dabei als Berater, Trainer und Moderator im Arbeitsprozess verstehen und den Schülerinnen und Schülern nicht als dominanter Wissensvermittler entgegentreten.

Da die Schülerinnen und Schüler aktive Mitgestalter in diesem Prozess sind, ist das Konzept des Schülerbandes darauf ausgerichtet, den veränderten Lernbedingungen, neuartigen Situationsanforderungen und einer motivierenden Kommunikationskultur Rechnung zu tragen. Darauf muss auch die Bewertung und differenzierte Einschätzung der Schülerleistungen abgestimmt sein. Der Lehrerband folgt der Gliederung des Schülerbandes, erläutert seine konzeptionellen Schwerpunkte und gibt didaktisch-methodische Hinweise zur Arbeit mit den Schülerinnen und Schülern. Er bietet erläuternde und ergänzende Materialien für die Hand des Lehrers. Lösungsvorschläge zu den Arbeitsaufträgen des Schülerbandes gewährleisten den schnellen Zugriff auf mögliche Antworten. Die Bewertungsvorschläge und die bereits in der Praxis verwendeten Formulare können als Vorlage für eigene schulinterne Festlegungen und Materialien genutzt werden. Die bewertenden Elemente müssen in jeder Phase des Arbeitsprozesses für die Schülerinnen und Schüler transparent sein. Die Literaturempfehlungen bieten eine Orientierung innerhalb der didaktisch-methodischen Literatur für die gymnasiale Oberstufe.

Erfolgreich kann der gesamte Prozess auf der Basis der länderspezifischen Festlegungen vor allem dann gestaltet werden, wenn nach einem durchdachten schulinternen Konzept gearbeitet wird, das die betreuenden Lehrer in Abstimmung mit der Schulleitung erstellen. Die kontinuierliche Beratung der beteiligten Kollegen, eine gründliche Analyse der Probleme und Ergebnisse, differenzierte Weiterbildungsveranstaltungen und die Information des gesamten Lehrerkollegiums sind wichtige Grundlagen für die Bewältigung der gestellten Anforderungen.

Viel Erfolg bei der anspruchsvollen und interessanten Arbeit mit Ihren Schülerinnen und Schülern!

1 In Thüringen

I Einführung in das Methodentraining bzw. Seminarfach[2]

Ziel der Einführungsphase ist es, den Schülern bewusst zu machen, welche Anforderungen Studium und Berufsausbildung an Schulabgänger der heutigen Zeit stellen. Den Schülern sollte deutlich werden, welche Erwartungen Universitäten, Hochschulen und Berufsausbilder in einen Abiturienten setzen. So lassen sich ihnen die Inhalte des Methodentrainings transparent und im Sinnzusammenhang vermitteln.

Fachliche und didaktische Hinweise zur Einführung in das Methodentraining: Umsetzungsmöglichkeiten

Mithilfe von **Material 1** können die Schüler visuell an die Thematik herangeführt werden. Die hier aufgeworfenen Problemfelder sind der inhaltliche Rahmen, der im Verlauf des Seminars bzw. der zu planenden Unterrichtsstunden genutzt werden sollte.
Material 2 und **Material 3** bieten Möglichkeiten, die Schüler aktiv an einer Diskussion teilhaben zu lassen. Es bleibt dem Lehrer überlassen, aktuelle Zeitungsausschnitte, Annoncen von Wirtschaftsunternehmen in der Presse, Auszüge aus Hochschulzeitschriften u. ä. auszuwählen, um die Schüler mit den Erwartungen und Anforderungen der Ausbildungs- und Berufswelt zu konfrontieren. Die im Material vorgestellten Möglichkeiten tragen Beispielcharakter.
Material 4 stellt zusammenfassend die Anforderungen der Wirtschaft an einen Schulabgänger dar.
Material 5 zeigt eine Möglichkeit der Auswertung der Problematik durch die Schüler z. B. an der Tafel auf.
Abgeleitet aus dieser Arbeit können nun die Inhalte des Methodentrainings/Seminarfaches vorgestellt werden. Das kann mit Unterstützung von **Material 6** durch den Lehrer vorgenommen werden.
Variante: Eine andere methodische Möglichkeit der Einführung in das Methodentraining besteht darin, eine Vorlesung zu gestalten, die z. B. durch eine Power-Point-Präsentation unterstützt werden kann.

Die Schüler sollen erkennen, dass sie im Rahmen eines Methodentrainings die Möglichkeit erhalten:
a) ihr Gehirn und ihren Lerntyp besser kennenzulernen,
b) geistige Fähigkeiten besser zu nutzen,
c) Lernmethoden zu üben und zu festigen, die in allen Fächern einsetzbar sind,
d) zu üben, wie man Informationen beschafft und verarbeitet,
e) ihre rhetorischen Fähigkeiten zu trainieren,
f) eine erste eigene Veröffentlichung vorzulegen und zu verteidigen.

2 Thüringenspezifik: In Thüringen wurde im Jahre 1999 das Seminarfach eingeführt, um Methoden zu bündeln und zu trainieren, die für ein späteres Studium oder eine Berufsausbildung von Bedeutung sind und mithilfe einer vorwissenschaftlichen Arbeit (Facharbeit) zu üben, wie gemeinsam mit anderen Schülerinnen und Schülern längerfristig eine solche Facharbeit erstellt wird und die Arbeitsergebnisse in einem Kolloquium verteidigt werden. Das Seminarfach wird in Klasse 10 mit einer Wochenstunde, in den Klassen 11 und 12 mit 1,5 Wochenstunden unterrichtet (Variante: zwei Stunden in Klasse 11, eine Stunde in Klasse 12).

Material 1 – Lernen – ein Leben lang?

Abitur als traditionelle Eintritts-karte in Studium, akademische und nichtakademische Welt	Studium verändert sich
Gute Berufschancen am Ende des Studiums?	Neue Arbeitsfelder entstehen
Ständige Veränderungen in Schule, Studium und Beruf	Rasante Veränderung in der Arbeitswelt
Wissensexplosion	Halbwertszeit des Wissens wird immer geringer

Lernen – ein Leben lang?

Material 2 – Arbeitsmarkt im Hinterkopf

Pädagogik

Studenten sollten prüfen, ob ihr Interesse an den Problemen ihrer Mitmenschen ausreicht, um daraus einen Beruf zu machen. Kontakte zu pädagogischen und sozialen Einrichtungen bzw. Vereinen und Organisationen sind empfehlenswert.

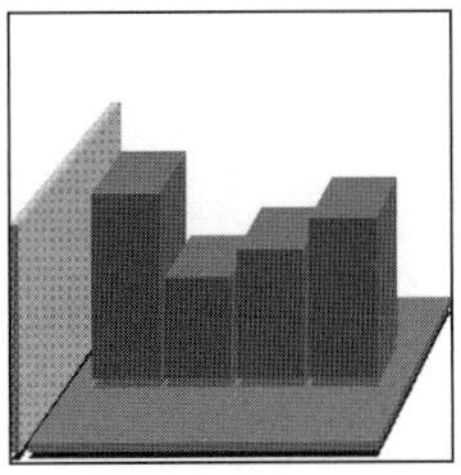

Wirtschaft

Der Student der Wirtschaftswissenschaft sollte über eine gute Allgemeinbildung verfügen – gepaart mit einer Vorliebe für Mathematik. Seine Berufsaussichten steigert, wer Organisationswissen und Sozialkompetenz erwirbt.

Biologie

Experimentierfreude genügt nicht. Biologen brauchen Beobachtungsgabe und naturwissenschaftliche Kenntnisse. Studenten sollten früh praxisnahe Schwerpunkte wählen – angewandte Biologie, Pharmazie oder Medizin.

Maschinenbau

Abiturienten mit Lust auf Technikprobleme, Verständnis für Physik und Sinn für Mathematik sind im Ingenieurwesen richtig. Mit Blick auf den Arbeitsmarkt sollten sie sich in Marketing und Kundenorientierung qualifizieren.

Germanistik

Studenten müssen nicht nur die deutsche Sprache mögen. Abstraktionsvermögen und historisches Interesse gehören dazu. Der Berufseinstieg läuft oft informell – über freie Mitarbeit in Medien, Werbe- oder PR-Agenturen.

Medizin

Physische und psychische Belastbarkeit, Zuverlässigkeit und Mitgefühl sind wichtig. Medizininformatik ist eine Alternative zum Facharzt. Anerkennungsjahre können in jedem Land der EU absolviert werden.

Mathematik

Abstraktionsvermögen und ein gutes Gedächtnis brauchen Studenten für Rechenoperationen. Interesse an EDV ist nützlich. Alle Branchen stellen Mathematiker ein – aber in kleiner Zahl. Praktika erleichtern den Einstieg.

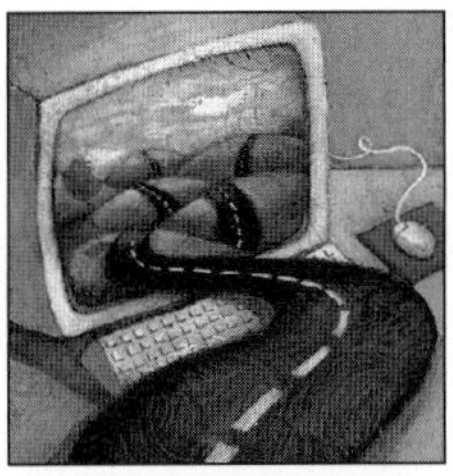

Informatik

Kreativität, Selbstdisziplin und die Vorliebe für exaktes Arbeiten gehören zum Profil. Jobchancen werden durch anwenderorientierte Praktika und betriebswirtschaftliche, medizinische oder andere Zusatzfächer verbessert.

Material 3 – Annoncen aus der Arbeitswelt

Sprungbrett in die Online-Welt

Was sind Ihre Ziele? Kreative Ideen einbringen, eigene Projekte verantwortlich betreuen, Vorgaben zielgerichtet und engagiert umsetzen, mit Spaß an Jobs gehen? Dann zeigen Sie, was in Ihnen steckt!

Wir sind Marktführer im Bereich Wirtschaftspublikationen und suchen im Bereich Elektronische Medien/Internet zur Verstärkung des jungen und erfolgreichen Teams einen

Praktikanten (m/w)

Neben guten Computer- und Englischkenntnissen sollten Sie als innovativer und belastbarer Macher bereits über Erfahrungen im Online- oder Offline-Bereich verfügen. Wenn Sie ab sofort oder später mit einem Praktikum beginnen wollen, freuen wir uns auf Ihre Bewerbung.

Verlagsgruppe XYZ · Bereich Personal · Kastanienallee 11 · 01234 Musterstadt

GESUCHT: MOBILE MIT ABI, POWER UND BISS!

Am wichtigsten ist uns Ihre Persönlichkeit. Wir brauchen keine Überflieger. Weder Supermenschen noch Ja-Sager. Sondern ambitionierte, junge Leute mit Abitur, die mitdenken und handeln. Dienstleister, denen die Karriere in den Fingerspitzen kribbelt.

CHIC • ZIELSTREBIG • LEIDENSCHAFTLICH • POWERVOLL • MENSCHLICH • QUERDENKER • DIPLOMATISCH

Sie halten sich für besonders schlau? Prima.

Ausbildung zum/zur Fachinformatiker/-in

Schon während Ihrer Schulzeit hat es Ihnen nie an frischen Ideen gemangelt. Jetzt suchen Sie für Ihren Berufsstart einen Arbeitgeber, bei dem Sie Ihre Vorstellungen zur Reife entwickeln können. Das Werkzeug Computer hat Sie schon immer fasziniert. Aber Sie haben damit nicht nur auf Moorhühner geschossen, sondern sich auch etwas für die Technologie dahinter interessiert – oder vielleicht sogar selbst etwas programmiert? Jetzt können Sie sich gut vorstellen, in einem jungen, dynamischen Team an der Entwicklung fortschrittlicher IT-Lösungen mitzuarbeiten.

Wenn Sie begeisterungsfähig und vielseitig interessiert sind, freut sich unser Bereich GLOBAL TECHNOLOGY & SERVICES auf Ihre Bewerbung. Dazu gehört unbedingt ein gutes Zeugnis der mittleren Reife, Abitur oder Fachhochschulreife. In Naturwissenschaften, Mathematik und Englisch sollten Sie einiges in der Birne haben, dazu mobil sein und ausgeprägten Teamgeist besitzen. Dann finden Sie bei uns Chancen, die mehr als eine Alternative zum Studium sein können.

Bitte schicken Sie Ihre Bewerbung an:

DIE BANK Personal Global Technology & Services | Herrn Mustermann
01234 Musterstadt

Material 4 – Was erwartet die Wirtschaft?

Fachliche Kompetenz

- Grundlegende Beherrschung der deutschen Sprache in Wort und Schrift
- Beherrschung einfacher Rechentechniken
- Grundlegende naturwissenschaftliche Kenntnisse
- Grundkenntnisse in Englisch

Soziale Kompetenz

- Kooperationsbereitschaft, Teamfähigkeit
- Höflichkeit, Freundlichkeit
- Konfliktfähigkeit
- Toleranz

Persönliche Kompetenz

- Zuverlässigkeit
- Lern- und Leistungsbereitschaft
- Ausdauer, Durchhaltevermögen, Belastbarkeit
- Sorgfalt, Gewissenhaftigkeit
- Konzentrationsfähigkeit, Verantwortungsbewusstsein, Selbstständigkeit
- Fähigkeit zu Kritik und Selbstkritik
- Kreativität, Flexibilität

Quelle: Westdeutscher Handwerkskammertag

Material 5 –
Einführung in das Seminarfach

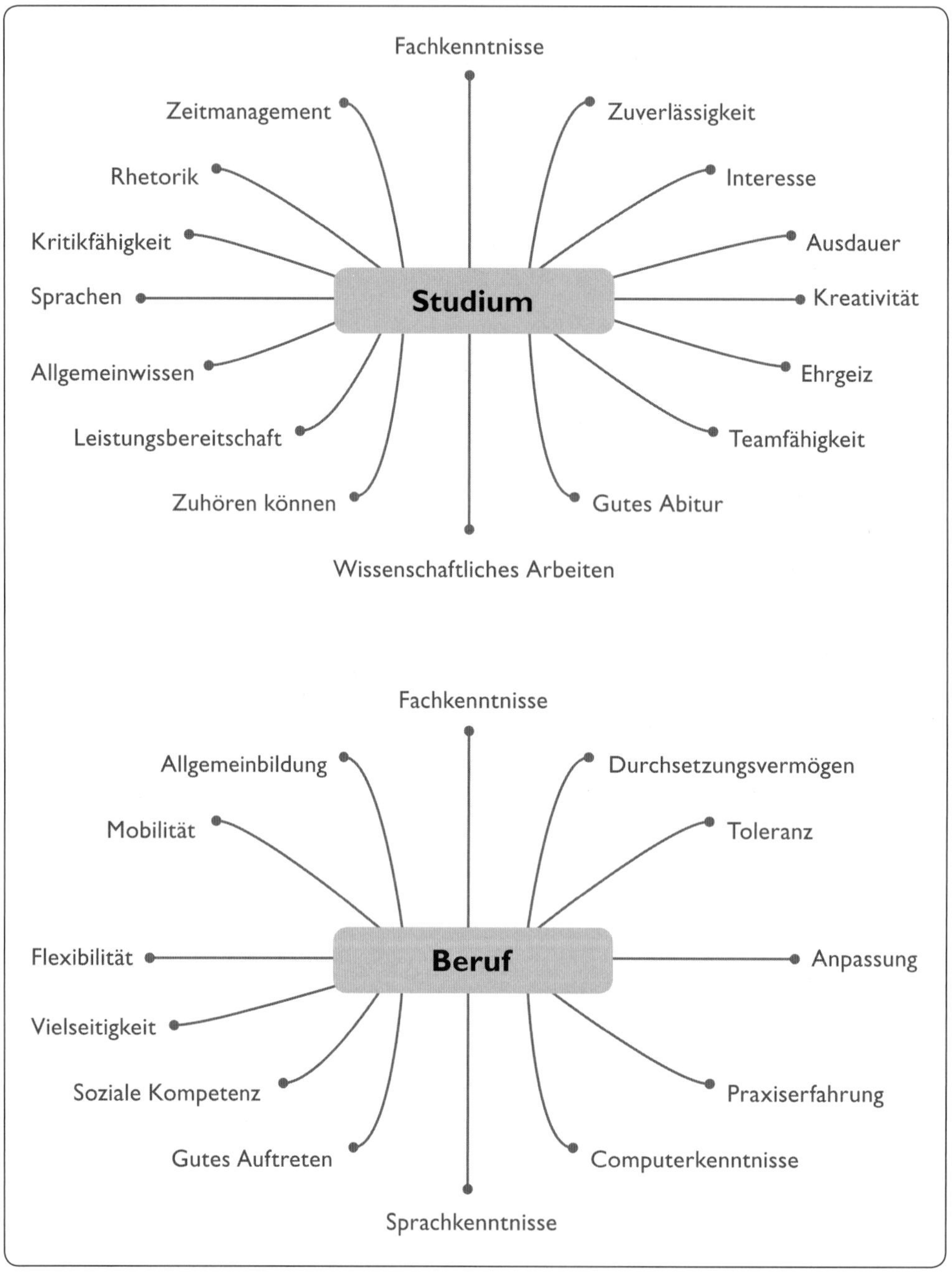

Material 6 – Einführung in das Seminarfach

Inhaltliche Schwerpunkte

- **Grundlegendes zum Denken und Lernen**
- **Entwicklung von Lösungsstrategien**
  - Probleme analysieren
  - Themen formulieren
  - Arbeitsabläufe planen
  - Gliederung erstellen
- **Techniken der Informationsgewinnung und Verarbeitung**
  - Suchstrategien entwickeln (Bibliothek, Archiv, Internet)
  - Lesetechniken üben
  - Zuhören und zielgerichtetes Notieren trainieren
  - computergestützt Informationen bearbeiten
- **Techniken der geistigen Auseinandersetzung**
  - analysieren
  - beweisen
  - vergleichen, begründen
- **Darstellungstechniken**
  - referieren
  - visualisieren
  - illustrieren
  - Einsatz moderner Medien

Organisation

- **Klasse 10**
  Variante 1:
  – Unterricht: Doppelstunden (epochal, 2. Halbjahr) oder eine Wochenstunde im gesamten Schuljahr
  Variante 2:
  – Seminarfachtage zur Vorbereitung der Erstellung einer Seminarfacharbeit

- **Vorschlag für Inhalte der Seminarfachtage:**
  – Vom Thema zur Präsentationsform
  – Kreative Gestaltungstechniken – Darstellung und Rhetorik
  – Arbeit in Archiv und Bibliothek – Beschaffung von Informationen und deren Verarbeitung
  – Computerarbeit
  – Befragungsstrategien, Führen von Interviews und Statistiken
  – Themenfindung und Teambildung (Ende Klasse 10)

- **Klasse 11 und 12**
  – Vorbereitung und Erstellung der Facharbeit im Team
  – Besuch von Pflichtkonsultationen
  – Anfertigung eines Portfolios
  – Führen eines Berichtsheftes
  – Vorbereitung und Durchführung der Präsentation im Kolloquium

Bewertung

- **Prozess (20 %)**
  – Erstellung eines Portfolios bis zu den Herbstferien Kurshalbjahr 11/I
  – Inhaltliche Bewertung der Konsultationen
  – Erstellung einer Gliederung und eines Probekapitels
  – Vorbereitung der Präsentation der Arbeit

- **Facharbeit (30 %)**
  – Bearbeitung eines fachübergreifenden Themas in einer Gruppe von drei bis vier Schülern, das zwei Aufgabenfelder abdeckt
  – Äußere Form der Facharbeit (nach vorgeschriebenen Kriterien)

- **Kolloquium (50 %)**
  Eine Zulassung zur Abiturprüfung erfolgt nur, wenn die gesamte Seminarfachleistung nicht 0 Punkte beträgt. Die gesamte Fachleistung ist von jedem Schüler verpflichtend zu erbringen, es kann aber jeder nach der schriftlichen Abiturprüfung selbst entscheiden, ob er sie in die Abiturgesamtwertung einbringen möchte.

2 Didaktische Hinweise und Lösungsskizzen zu den Übungen des Schülerbandes

2.1 Erfolgreich denken und lernen

Zur Konzeption

Das Kapitel ist so angelegt, dass die Schülerinnen und Schüler mithilfe der Informationen in den Sachtexten und durch die Lösung der Arbeitsaufträge einen Überblick zu Lern- und Arbeitstechniken erhalten. Dadurch werden sie in die Lage versetzt, bewusster die Fähigkeiten ihres Gehirns zu trainieren und effektiver zu lernen. Dabei sollen bisher im Fachunterricht erworbene Kompetenzen erweitert, selbstständiges Lernen und problembezogenes Denken initiiert und die Kommunikations- und Teamfähigkeit weiter entwickelt werden.

Fachliche und methodische Hinweise

Die Behandlung der Kapitelinhalte kann in zwei Doppelstunden oder als Übung in Seminaren bzw. Methodenkursen erfolgen. Die Zielformulierungen für die Unterrichtseinheit sind:
1. Erkennen der eigenen Probleme beim Lernen
2. Kennenlernen der Fähigkeiten beider Gehirnhälften
3. Übungen zur Merkfähigkeit
4. Wie behalte ich Erlerntes am besten?

Dem Kapitel liegen folgende didaktische Überlegungen zugrunde:
- Der Einstieg in das Thema erfolgt durch eine problematisierende Diskussion der Stärken und Schwächen beim Lernen, der Vielfalt der Lern-, Arbeits- und Gesprächstechniken (dabei kann der Arbeitsauftrag auf **Seite 10 f.** im Schülerband genutzt werden).
- **Material 7** bietet die Möglichkeit, insbesondere die Schwierigkeiten beim Lernen zusammenzufassen.
- Im weiteren Verlauf sollte der Blick auf die Fähigkeiten, Arbeitstechniken und Bestandteile des menschlichen Gehirns gerichtet werden. Die Schüler lernen, wie das Gehirn funktioniert und können es so besser und effizienter einsetzen.
- **Material 8** kann als festigende Übung zur Einordnung der Fähigkeiten beider Gehirnhälften genutzt werden.
- Methodenwissen aus dem Fachunterricht wird aufgegriffen, indem die Schüler die ihnen bekannte Mind Map-Methode anwenden: Sie vergegenwärtigt ihnen das gezielte Training beider Gehirnhälften und verdeutlicht deren funktionales Zusammenspiel.
- Übungen zur Merkfähigkeit sollen dem Schüler bewusst werden lassen, welches Potential in beiden Gehirnhälften steckt. Durch Visualisieren soll der Schüler seine eigenen Fähigkeiten unter Beweis stellen.
- Im Rahmen eines Lerntyptests (Arbeitsauftrag auf **Seite 9** im Schülerband) ermittelt der Schüler seine Vorlieben beim Lernen und kann erkennen, auf welche Art und Weise er sich am besten Wissen einprägt.

- Die Frage der Bewahrung von Wissen für die Menschheit wird problematisiert und die Frage diskutiert, inwiefern überhaupt „global brain" in der heutigen Wissensgesellschaft möglich sein kann. Der Schüler soll erkennen, dass sowohl Chancen als auch Gefahren im medialen Zeitalter durch digitale Medien geschaffen werden und die Bibliothek noch immer als größter organisierter Wissensspeicher eine zuverlässige Einrichtung ist.
- **Material 9** ist für die Hand des Lehrers gedacht, um sich einen kurzen Überblick zu Gehirntätigkeit und Formen des Gedächtnisses zu verschaffen. Der Text zu den sieben Mentalfaktoren der Mnemonik kann auch als Schülermaterial zum Einsatz kommen.

Lösungen zu den Arbeitsaufträgen im Schülerband

Seite 5

Abbildung „Fähigkeiten des Gehirns"

Linke Gehirnhälfte digitales Denken: in Ziffern und Buchstaben	**Rechte Gehirnhälfte** analoges Denken: verknüpfend und synthetisch
Sprache	Rhythmus
Logik	Musik
Zahlen	Bilder
Ordnung	Farben
Linearität	Phantasie
„Trockene Dinge"	Zusammenhänge

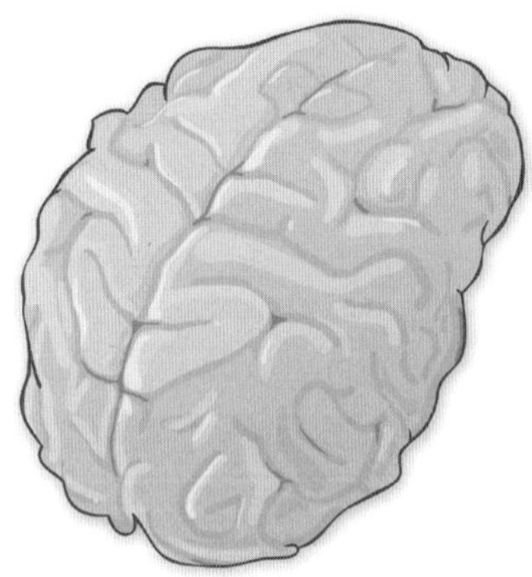

Seite 6

Mensch – Zweibein, Schemel – Dreibein, Geflügelkeule – Einbein, Hund – Vierbein

Variante 1: in Bildern merken!

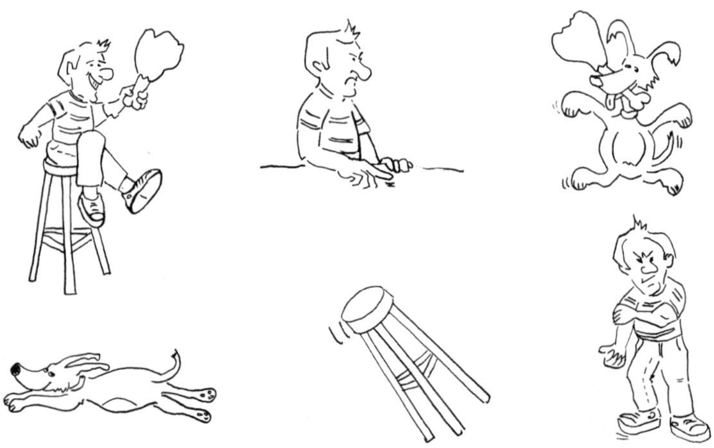

Variante 2: Zahlenreihe merken!
3 – 2 – 1 – 4 – 2 – 1 – 2 – 3 – 4

Übung: Gehirngerechtes Denken – kleines Training zum Gehirnjogging

Seite 7

Ein Beispiel für mögliche Assoziationen, um sich die Begriffe zu merken:
Im **Garten** liegt **Schnee**, es ist kalt wie im **Kühlschrank**, jedoch ein **Kleeblatt** schaut hervor. Ein **Ritter** steht im **Pool** und isst eine **Banane**. Der **Esel** macht die **Lampe** an. In der **Eisenbahn** spielt ein **Hamster Klavier**.

Eine zweite Möglichkeit besteht in der Bildung von Wortpaaren: Garten – Kleeblatt, Kühlschrank – Schnee, Esel – Hamster ...

Gedanken von A bis Z zu einem ausgewählten Thema

Seite 8

Mögliche Begriffe zum „Thema Schule"

A Abitur
B Biologie
C Chemie
D Disziplin
E Ehrgeiz
F Faulheit
G Gedicht
H Hausaufgaben
I Informationen
J Jahrhundert
K Kartenständer
L Leistungsdruck
M Mathematik
N Nerven
O Organisation
P Pausen
Q Qualität
R Rechtschreibung
S Stundenplan
T Tasche
U Unruhe
V Vogel
W Wandtafel
X Xanthippe
Y y-Achse
Z Zeugnisse

Lernmethoden

Seite 9

Hinweis: Die Schüler können ihren Lerntyp selbst genauer feststellen, indem sie nach dem Ausfüllen der Tabelle und dem Zusammenzählen der gleichen Symbole (einzutragen auf **Seite 10** im Schülerband) erkennen, auf welche Art und Weise sie mehr oder weniger behalten. Schnell werden sie erkennen, dass meist Mischtypen auftreten.

Stärken und Schwächen beim Lernen: Lern-, Arbeits- und Gesprächstechniken

Seite 10

An dieser Stelle können die Schüler für sich selbst reflektieren, welche Stärken und Schwächen sie beim Lernen haben. Diese Übung ist auch eine gute Voraussetzung für das Verständnis von **Kapitel 7.1** des Schülerbandes (Seite 54 ff.), in dem es um Teambildung, verschiedene Charaktere in einem Team und dabei auftretende Probleme geht.

Seite 11

Auch das noch: ein Intelligenztest

Die Schüler sollen bei diesem Intelligenztest erkennen, dass man sich bei der Erfüllung einer Aufgabe zuerst einen Gesamtüberblick verschafft, d. h. in diesem Fall den gesamten Text überfliegt und damit am Ende des Textes das Wesentliche der Aufgabe erfasst. Es kommt hier also nicht in erster Linie darauf an, die Fragen 1 bis 12 richtig und schnell genug zu beantworten, sondern sich mit der Aufgabenstellung genau vertraut zu machen. Da die Schüler die Lösung der Aufgaben dennoch immer gern wissen möchten, hier die Antworten:

1. Guiseppe Verdi
2. Johann Wolfgang von Goethe
3. je nach Jahr
4. 8–10
5. Wilhelm Busch
6. 800 n. Chr.
7. 5 bzw. 7
8. Saudi-Arabien
9. 12
10. NATO
11. Wellington, Blücher, Gneisenau (Schlacht bei Waterloo 1815)
12. Berg/Vulkan in Mexiko

Seite 13

Lernen – ein Leben lang?

Bücher sind in der Welt des Wissens nicht zu ersetzen, sie werden immer gebraucht, auch wenn moderne Medien Informationen schneller verbreiten und bearbeiten. Es besteht hier die Möglichkeit, mit den Schülern über die Grenzen des Internets im Vergleich zur Bibliothek nachzudenken.

Material 7

Wenn Schülerinnen und Schüler in Seminaren nach ihren Problemen und Zielen beim Lernen und anderen geistigen Betätigungen befragt werden, geben sie häufig folgende Antworten:

- Sich konzentrieren
- Sich an etwas erinnern
- Prüfungen ablegen
- Aufsätze und Schularbeiten schreiben
- Lernen und Studieren
- Hausübungen erledigen
- Projekte und Aktivitäten planen
- Sich selbst motivieren, mit der Arbeit endlich zu beginnen
- Probleme lösen und Entscheidungen treffen
- Gedanken ordnen
- Frei sprechen und kommunizieren im Allgemeinen
- Sich auf etwas vorbereiten
- Langeweile vermeiden
- Müdigkeit bekämpfen
- Sich die Zeit einteilen
- Sorgen abschütteln
- Angst überwinden

Material 8 – Das tägliche Update Ihrer Festplatte: Gehirn in Aktion

Hier werden täglich tausende Informationen verarbeitet.

Hier wohnt die Phantasie.

Hier führen Fakten zu Ideen.

Hier wird gespeichert.

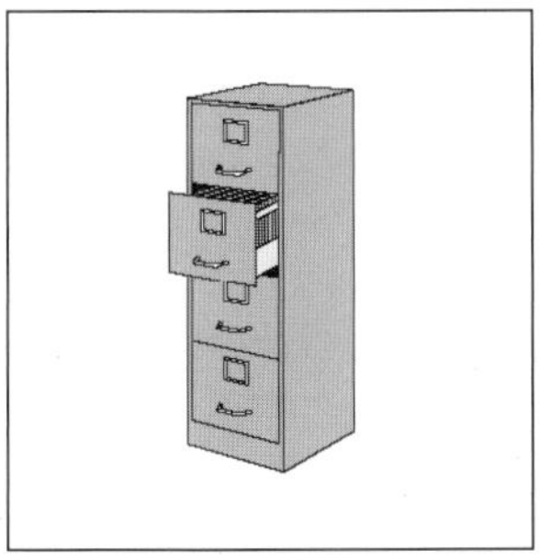

Hier hat das ganzheitliche Denken seinen Platz.

Hier ist die Logik zu Hause.

Hier wird geordnet und sortiert.

Hier wecken Neuigkeiten Emotionen.

Hier wird Ursache und Wirkung verstanden.

Lösung **Material 8**

Linke Gehirnhälfte	Rechte Gehirnhälfte	Rechte Gehirnhälfte
Linke Gehirnhälfte	Rechte Gehirnhälfte	Linke Gehirnhälfte
Linke Gehirnhälfte	Rechte Gehirnhälfte	Linke Gehirnhälfte

Material 9

Informationen zur Gehirntätigkeit

Hirnforscher sind einhellig der Meinung, dass wir Menschen nahezu die Gesamtmasse unseres Gehirns aktivieren. Neueste Analysen von Computertomographie-Bildern ermöglichen zu fast jedem Areal des Hirns eine gewisse Zuordnung. Und längst kann man jedem Menschen mit Hilfe von Tomographen und Hirnstrom-Messgeräten (EEG) beim Denken zusehen. So fanden Forscher für Dutzende geistige und körperliche Funktionen entsprechende neuronale Bereiche, die beispielsweise für die Sprachbegabung oder das Zahlengedächtnis verantwortlich sind.

Wir benötigen also nahezu die gesamte Struktur unseres Denkorgans zur Bewältigung des Alltags und der beruflichen Anforderungen. Darüber hinaus bewegen sich die messbaren Unterschiede im Oberstübchen gesunder Menschen im Übrigen in sehr engen Grenzen: Unsere Schaltzentrale besteht zu 75 Prozent aus Wasser, ist etwa 1 000 bis 2 000 Gramm schwer. Sie ist aus etwa 300 Milliarden neuronalen Zellen aufgebaut, dies entspricht einer größeren Zahl als der uns im Universum bekannten Sterne. Und nun die schier unglaubliche Nachricht: Die Gesamtleistung Ihrer „Gehirn-Software" können Sie mit den entsprechenden Techniken um ein Vielfaches verbessern.

Doppelt hält besser – zwei Gehirnhälften

Wissenschaftler haben herausgefunden, dass die rechte und linke Hirnhälfte gewisse (wenn auch nicht ausschließliche) Spezialisierungen aufweisen: Die *linke Hirnhälfte* ist vorwiegend für Rationales zuständig. Sie stellt Kategorien und zeitliche Analysen auf, löst logische Probleme (Kopfrechnen) und repräsentiert das Faktengedächtnis (Telefonnummer, Pin-Zahl). Die *rechte Hirnhälfte* gilt als Sitz der Kreativität und Emotionen. Gefühle, Assoziationen, Gestik, Mimik, Ironie und Musik werden hier verarbeitet, aber auch die räumliche Orientierung und Bilder.
Das autobiografische Gedächtnis ist ebenfalls hier angesiedelt. Auf welche Weise die im Gehirn ablaufenden biochemischen und elektrischen Prozesse zu einer Informationsabspeicherung führen, ist bis jetzt noch unklar. Über die praktische Funktionsweise des Gedächtnisses gibt es allerdings präzisere Vorstellungen.
Nachdem sich unser Denkorgan in Kindheit und Jugend voll entwickelt hat, ist ein Absterben von Gehirnzellen zwar möglich (wahrscheinlich sterben weit mehr als 1 000 täglich, schätzen Mediziner), unserem Verstand setzt das aber kaum zu, weil wir auch neue Zellen bilden können, wenn wir uns geistig fordern. Neueste Studien gehen hierbei von etwa 1 000 Neuronen täglich aus.
Zudem müssen wir uns das Gehirn als ein Zusammenspiel vieler verschiedener Regionen vorstellen, die miteinander kommunizieren und sich – so gut es geht – die Arbeit teilen.

„Das werde ich nie vergessen", ist ein Versprechen, das man nur hört, wenn jemand wirklich ergriffen ist. Und die Vermutung, eine Information für immer behalten zu können, gründet genau darauf: Der Eindruck muss so stark sein, dass er sich förmlich in die Neuronenbahnen des Gehirns eingraviert.
Neueste Forschungsergebnisse zeigen, dass unser Gehirn bei wichtigen (lustigen, schönen, positiven ebenso wie negativen, tragischen) Informationen unsere Gefühlszentrale – das limbische System – aktiviert. Erst durch das limbische System wird ein Eindruck so aufgewertet, dass er nachhaltige Gedächtnisspuren hinterlässt. Überlegen Sie einmal, worin ihre früheste kindliche Erinnerung besteht. In den meisten Fällen sind es Erlebnisse im dritten oder vierten Lebensjahr, oft verbunden mit großen Gefühlen. So erinnern sich viele mit Schrecken daran, wie sie sich z. B. als Kleinkind beim Einkaufen verliefen und die Eltern nicht mehr fanden. Es sind überwiegend emotional beladene Bilder, die unvergesslich bleiben! Extremer Stress ist dagegen Gift für das Gedächtnis. Das Vergessen bestimmter Erlebnisse, Bilder oder Eindrücke in Notsituationen ist die logische Folge. In diesen emotionalen Extremsituationen schüttet der Körper Stresshormone aus, die Gedächtnisspuren auslöschen (so erklärt sich mancher „Filmriss" nach einem Gewaltakt oder Unfall).
Für uns ist wichtig zu wissen: Erfolgreiches Lernen funktioniert am besten in einer angenehmen, stressfreien Umgebung. Nur in entspannter Atmosphäre können wir unsere Leistungsfähigkeit voll ausschöpfen und „mentale Kondition" für stressige Momente aufbauen!

Formen des Gedächtnisses

Am Anfang des Erinnerungsprozesses steht das *Ultrakurzzeitgedächtnis* (UKZ), welches auch als sensorisches Gedächtnis bezeichnet wird. Die über die Sinne kommenden Informationen werden hier für einen Zeitraum von 0,5 bis 2 Sekunden abgespeichert und während dieser Zeit auf ihre Bedeutsamkeit hin überprüft und gefiltert. Diesen Gedächtnisspeicher hat der schwedische Professor Johannes Andreas von Segner schon 1740 untersucht und seine Speicherzeit mittels eines einfachen Experimentes bestimmt. Er ließ einen Leuchtkörper mit zunehmender Geschwindigkeit rotieren und stellte fest, ab wann man nicht nur einen einzigen sich bewegenden Leuchtpunkt wahrnahm, sondern eine leuchtende Kreisform. Aus der Geschwindigkeit an diesem Übergangsmoment ermittelte er dann die Zeitdauer der Abspeicherung (denn das Gehirn kann den leuchtenden Punkt nur dann als Kreis wahrnehmen, wenn es sich noch lange genug erinnert, wo der Leuchtpunkt vorher gewesen war); diese lag bei 0,1 bis 0,5 Sekunden in Abhängigkeit von der Helligkeit des Leuchtkörpers.
Natürlich wird auch in den Zellen unserer Sinnesorgane, z. B. bei dem Auge auf der Netzhaut, die Information für einen kurzen Moment gespeichert. Doch das eigentliche Ultrakurzzeitgedächtnis ist im Gehirn lokalisiert, wobei dieser Speicher eher auf Muster als auf Helligkeit reagiert. Ferner ist die Speicherzeit von der so genannten Sinnesmodalität abhängig. So werden akustische Informationen meist länger, bis zu zwei Sekunden, „sensorisch" abgespeichert („im Ohr klingt es einem noch nach"). Nach dem kurzen Ablegen einer Information im UKZ geht zum Glück alles Nutzlose wieder verloren. Nur ein ganz geringer, aber in irgendeiner Weise „bedeutsamer" Bruchteil schafft den Sprung ins nächste Gedächtnis – das *Kurzzeitgedächtnis.* Die gespeicherte Information wird nur über einen kurzen Zeitraum aufgenommen und verarbeitet, bevor sie erlöscht oder den Weg ins Langzeitgedächtnis findet.
Die Speicherdauer des Kurzzeitgedächtnisses beträgt lediglich bis zu 20 Sekunden! Die für uns wichtige Konsequenz ist, dass alle Informationen, die Sie über einen relativ kurzen Zeitraum – und sei es nur eine Stunde – gespeichert haben, bereits im Langzeitgedächtnis sind!

Doch das Kurzzeitgedächtnis hat eine weitere zu beachtende Eigenschaft: Es hat ein äußerst begrenztes Aufnahmevermögen. Wie erstaunlich klein diese Speicherkapazität ist, können Sie durch das nachfolgende kleine Experiment „am eigenen Leibe" erfahren.
Decken Sie die unten stehenden Zahlenreihen mit einem Blatt Papier ab. Decken Sie nun die Zahlenreihen nacheinander auf, merken sich diese und bringen Sie die Ziffernfolge so gut wie möglich aufs Papier.

13579 06086420 11223344

Was Sie mit diesem Test eben erfahren haben, ist die persönliche Kapazitätsgrenze Ihres Kurzzeitgedächtnisses. Im Durchschnitt liegen die Menschen bei sechs bis sieben Ziffern bzw. Informationseinheiten, da es im Grunde für die Bestimmung der Aufnahmegrenze des Kurzzeitgedächtnisses nahezu irrelevant ist, ob man diesen Test mit Ziffern, Buchstaben, Wörtern, Zeigebewegungen oder Farben macht. Auch für das Lösen von Denkaufgaben bestimmt der begrenzte Umfang des Kurzzeitgedächtnisses den anscheinend hohen Schwierigkeitsgrad. Dies drückt sich auch im zweiten Begriff aus, der manchmal parallel für das Kurzzeitgedächtnis verwendet wird: Arbeitsgedächtnis – in Entsprechung zum Arbeitsspeicher des Computers. Versuchen Sie sich nun am folgenden trivialen Logik-Test, der das Arbeitsgedächtnis nur gering belastet:

Maria ist schöner als Bettina.
Wer ist hässlicher?

Das war auf Anhieb lösbar, doch wie sieht es mit folgender Aufgabe aus – können Sie diese durch einmaliges Durchlesen lösen?

Felix ist kleiner als Markus.
Robert ist größer als Harry.
Felix ist größer als Robert.
Wer ist der Größte?

Trösten Sie sich, Ungeübte sind meist nicht in der Lage, diese Kopf-Nuss zu knacken. Der normale Arbeitsspeicher ist einfach nicht groß genug, um alle Informationen aufzunehmen und die Relationen (z. B. „Markus ist größer als Robert") im Gedächtnis herzustellen.

Erneut gibt es zwei Möglichkeiten für die noch vorhandene (jetzt im Kurzzeitgedächtnis befindliche) Information. Entweder sie verlischt oder sie geht über ins *Langzeitgedächtnis.* Dieser bekannteste Gedächtnisspeicher hat drei wesentliche Eigenschaften:

1. Unbegrenzte Speicherdauer

Die Haltbarkeit der gespeicherten Information ist möglicherweise unbegrenzt. Das „Wissen" ist eigentlich noch vorhanden, nur leider kann man es nicht wiederfinden. Hier hilft zum Verständnis eine Analogie: Sortiert der Bibliothekar ein Buch in der riesigen Bibliothek falsch ein, so wird er es wohl kaum jemals wieder finden.

2. Unbegrenzte Kapazität

Auch wenn das Funktionsprinzip der Abspeicherung im Gedächtnis noch nicht einmal in den Grundzügen wissenschaftlich aufgeklärt ist, so sind sich die Wissenschaftler in einem Punkt nahezu einig: Die Speicherkapazität des Langzeitgedächtnisses ist höchstwahrscheinlich unbegrenzt. Diese schier unendliche Leistungsfähigkeit ist uns von Natur aus gegeben, doch wir müssen lernen, diese fast unbegrenzten Möglichkeiten durch richtige Strategien und Training nutzbar zu machen.

3. Kurze Abrufzeit

Kaum jemand macht sich darüber Gedanken, welche umfassenden Prozesse ablaufen, um eine Frage wie „Kennen Sie den Wimbledon-Sieger im Tennis von 1961", prompt mit „Ja" oder „Nein" beantworten zu können. Wir haben enorm effiziente Mechanismen (Algorithmen), um diese Entscheidung mit großer Sicherheit in Sekundenbruchteilen treffen zu können – und das bei einer schier unvorstellbaren Datenmenge, die bei jedem Erwachsenen abgespeichert ist.

Tierisch gute Gedächtnisleistungen!

Biologische Studien zeigen, dass ein gutes Gedächtnis keine typisch menschliche Eigenschaft ist. So entdeckte der New Yorker Neurophysiologe Eric Kandel, dass die Meeresschnecke Aplysia ein sehr sensibles Gedächtnis für unangenehme Berührungen hat. Ein zweimaliges Zwicken merkte sich die Schnecke nur einige Minuten, fünfmaliges Zwicken konnte die Schnecke dagegen mehrere Tage nicht vergessen. Ein erstaunliches episodisches Gedächtnis zeigten Buschhäher in Fütterungs-Versuchen: Obwohl die Vögel eigentlich Schmetterlingsraupen lieber essen als Erdnüsse, griffen die Häher in Tests nicht zu den vor längerer Zeit eingegrabenen Raupen, sondern nahmen weiter mit den Nüssen vorlieb. In ihrem episodischen Gedächtnis hatten sie offenbar abgespeichert, dass es keinen Sinn machte, nach den Raupen zu suchen – sie waren längst verschimmelt. Dem Elefanten-Gedächtnis machen die Dickhäuter alle Ehre: Verhaltensforscher in England fanden heraus, dass Elefanten bis zu 100 Artgenossen an ihrem Getröte erkennen. Den individuellen Ruf können die Rüsseltiere auch noch nach Jahren einem Bekannten zuordnen. Und selbst die sprichwörtlichen Schafe sind nicht die Dümmsten: Bis zu 50 Gesichter von Artgenossen können sie sich merken. Es soll ja Menschen geben, die fühlen sich bei dem Begriff „Gedächtnistraining" an ihre Schulzeit erinnert. Schillers „Glocke" auswendig zu lernen, alle unregelmäßigen Verben im Französischen zu „büffeln" oder sich das chemische Periodensystem „reinzupauken" – traumatische Erlebnisse, die markantere Spuren im Gedächtnis hinterlassen haben, als der eigentliche Lernstoff, den man ja längst vergessen hat. Nach solchen Kindheits- und Jugend-Erfahrungen sind viele nicht geneigt, ihr Gedächtnis für dieses geradezu schmerzliche Lernen zu trainieren! Die gute Nachricht ist jedoch: Es gibt eine ganz andere Art des Lernens. Eine Methode, die Spaß bereitet! Eine erfolgversprechende Strategie, bei der Informationen einfach besser im Gehirn abgespeichert werden und jederzeit verfügbar sind. Mit diesen Mnemotechniken wird Lernen um ein Vielfaches effektiver und vergnüglicher als beim traditionellen Pauken. Zusätzlich verbessern sich andere mentale Fähigkeiten, die wir direkt oder indirekt durch den Einsatz beim Memorieren, dem auswendig Lernen, trainieren.

Sieben Mentalfaktoren sind die Basis der Jahrtausende alten *Mnemotechnik*[3]:

- **Phantasie**
  In vielen Schulen, Universitäten und Fortbildungsinstituten wird der Fehler gemacht, den Lernstoff stets auf das Wesentliche reduzieren zu wollen. Aber dieser reduktive Ansatz beraubt uns der unermesslichen Kreativität unseres Geistes. Schließlich hat unser Gehirn in hunderttausenden von Jahren gelernt, Unwichtiges vom Wichtigen zu trennen. Aber um die Bedeutung einer Information zu erhöhen, ist das Anregen unserer Sinne entscheidend; und zum langzeitigen und geschmeidigen Behalten ist das Hinzufügen von phantasievoller Information stets immens hilfreich. Es ist fast wie bei Geschenken: So manches Mal verhilft erst die wundervolle Verpackung dem darin befindlichen Geschenk zu wahrer Vollkommenheit. Auch Sie werden im Training erfahren, wie phantasievolles Lernen zu einem „phantas"-tischen Gedächtnis führt. Wenn Sie sich beispielsweise „torche"– das französische Wort für „Fackel" einprägen wollen, indem Sie sich einen Storch vorstellen, der die Fackel im Schnabel trägt, dann gratulieren wir zu Ihrer Phantasie-Leistung.

3 Der Begriff „Mnemonik" leitet sich von der griechischen Göttin Mnemosyne ab und bedeutet „Gedächtniskunst".

- **Emotion**
  Jeder weiß aus Erfahrung, dass Informationen oder Ereignisse über lange Zeit – manchmal (leider) ein Leben lang – in Erinnerung bleiben, wenn sie starke emotionale Empfindungen hervorgerufen haben. Hirnforscher finden immer mehr Beweise, dass Gefühle eine zentrale Rolle beim Erinnern spielen. Man kann fast behaupten, dass Emotionen als perfektes Fixiermittel oder Kleber für Informationen fungieren. Diesen Umstand machen wir uns beim Lernen zu Nutze, indem wir bewusst emotionale Bilder in das zu lernende Material integrieren. Dabei können wir die gesamte Palette unserer Gefühlsregungen nutzen, die uns von der Natur gegeben sind: Humor, Zorn, Leidenschaft, Grusel, Erotik, Furcht. Wenn es Ihnen leicht fällt, sich den Begriff „aride Trockenzone" für einen Vortrag einzuprägen, wenn Sie an den schrecklichen Durst in der Wüste oder an das Death Valley denken, haben Sie das Emotions-Prinzip perfekt umgesetzt.

- **Logik**
  Der beste Weg Lernmaterial abzuspeichern ist sicherlich, ein logisches Verständnis für den Sachverhalt zu entwickeln. Doch leider ist dies nicht immer möglich. Entweder wäre es zu langwierig, die tiefen Zusammenhänge zu verstehen oder – was häufiger ist – dem Lernmaterial liegt überhaupt keine Logik zu Grunde wie z. B. bei Vokabeln oder Namen.
  Haben wir jedoch das Lernmaterial in der richtigen Art und Weise aufbereitet, sind wir fast immer in der Lage, unsere Logik und Kombinationsgabe zur noch intensiveren Abspeicherung einzusetzen. Eine digitale Ziffernfolge wie 101001000100101 können Sie sich spontan besser merken, wenn Sie die auf- und absteigende Folge der Nullen erkennen – Gratulation zu Ihrem Logik-Blick!

- **Lokalisation**
  Dieser mentale Schritt beim Lernen von neuem Material ist für Sie wohl der unbekannteste und doch der älteste methodische Weg, um Wissen so abzuspeichern, dass es nicht nur lückenlos, sondern auch in einer ganz bestimmten Reihenfolge aus dem Gedächtnis abgerufen werden kann. Hierzu „verorten" wir das Lernmaterial, d. h. wir verankern es beim Lernen an einem bestimmten Ort bzw. Platz (lat. locus = Ort, Stelle, Platz) einer uns bekannten Umgebung. Wenn wir später das Wissen wiedergeben sollen, können wir es dort gezielt lokalisieren und abrufen. Überlegen Sie sich, was Sie tun, wenn Sie z. B. Ihren Schlüssel verlegt haben und die hektische Phase des ziellosen Herumsuchens hinter sich haben. Dann werden Sie nämlich im Geiste durch die Räume und an die Stellen gehen, wo Sie waren, als Sie den Schlüssel noch hatten, und werden mental nachvollziehen, ob Sie ihn an den jeweiligen Orten abgelegt haben. Meist kommt einem dann der erlösende Gedankenblitz!

- **Visualisierung**
  Die Fähigkeit des Menschen, im Geiste Bilder entstehen zu lassen, die nicht auf aktuellen Sinneswahrnehmungen fußen, ist nicht nur der abschließende, sondern vielleicht auch der wichtigste Schritt, um ungeahnte Gedächtnisleistungen zu erreichen. Alle Lerninhalte werden mit Unterstützung der oben aufgeführten Mentalfaktoren so deutlich wie möglich im Geiste als „mentales Bild" vorgestellt und in dieser Gestalt vom Gedächtnis abgespeichert.
  Warum? Nun, weil jeder von uns eine immense Fähigkeit hat, bildhafte Informationen abzuspeichern. So haben Sie vielleicht auch schon festgestellt, dass sich Telefonnummern oftmals besser im Gedächtnis memorieren lassen, wenn man sich das Muster beim Eintippen auf dem Tastenfeld einprägt – ein sehr nützliches Beispiel für Visualisierung!

- **Transformation**
  Das Transformieren soll uns helfen, schwer Verdauliches in leckere Lernhappen „umzuwandeln". Oft haben wir es beim Lernen mit abstrakten Informationen zu tun, wie z. B. Zahlen oder auch schwierigen Vokabeln. Wahrscheinlich aufgrund der Verarbeitungsprozesse unseres Gedächtnisses ist es für jeden Menschen schwer, sich solch abstrakte, also unanschauliche Informationen einzuprägen. In diesem Fall führt man vor dem eigentlichen Lernen eine Transformation durch, d. h. man wandelt den theoretischen in einen anschaulicheren Lernstoff um und speichert diesen dann ab. Wenn es Ihnen gelingt, sich die Ordnungszahl 92 des chemischen Elements Uran besser zu merken, weil ein lieber Ur-Ahn (z. B. Großopa) von Ihnen tatsächlich auch das 92. Lebensjahr erreicht hat, dann haben Sie die abstrakte Zahl prima zu einem emotionsgeladenen Alter transformiert.

- **Assoziation**
  Mit diesem Begriff wird die Fähigkeit bezeichnet, Verbindungen zwischen Informationen herzustellen. Es ist allgemein anerkannt, dass durch diesen Prozess des Assoziierens Lernstoff leicht aufgenommen wird und auch länger abrufbar bleibt. Gleichzeitig wird dabei die Intelligenz geschult, da es manchmal ganz und gar nicht offensichtlich ist, wie man zwei Begriffe, die scheinbar nichts miteinander zu tun haben, miteinander gedanklich verbinden soll. Doch durch intelligentes, differenziertes Denken wird man immer eine für das Einprägen hilfreiche Assoziation finden. Es sei hier noch anzumerken, dass man beim assoziativen Lernen zwei Bereiche unterscheiden muss: Zum einen kann man Assoziationen zwischen den neu aufzunehmenden Lerneinheiten kreieren und so eine schnellere Abspeicherung des entstandenen Wissenskomplexes erreichen, oder man schafft eine Assoziation zwischen dem zu lernenden Material und dem bereits im Langzeitgedächtnis abgespeicherten Material. Übrigens ist letzteres die Erklärung dafür, warum man umso leichter lernt, je mehr man weiß – viel abgespeichertes Wissen führt zu vielen Assoziationsmöglichkeiten! Wenn man in dem Pin-Code 9871 die Jahreszahl der französischen Revolution erkennt, dann ist das eine gelungene Assoziation!

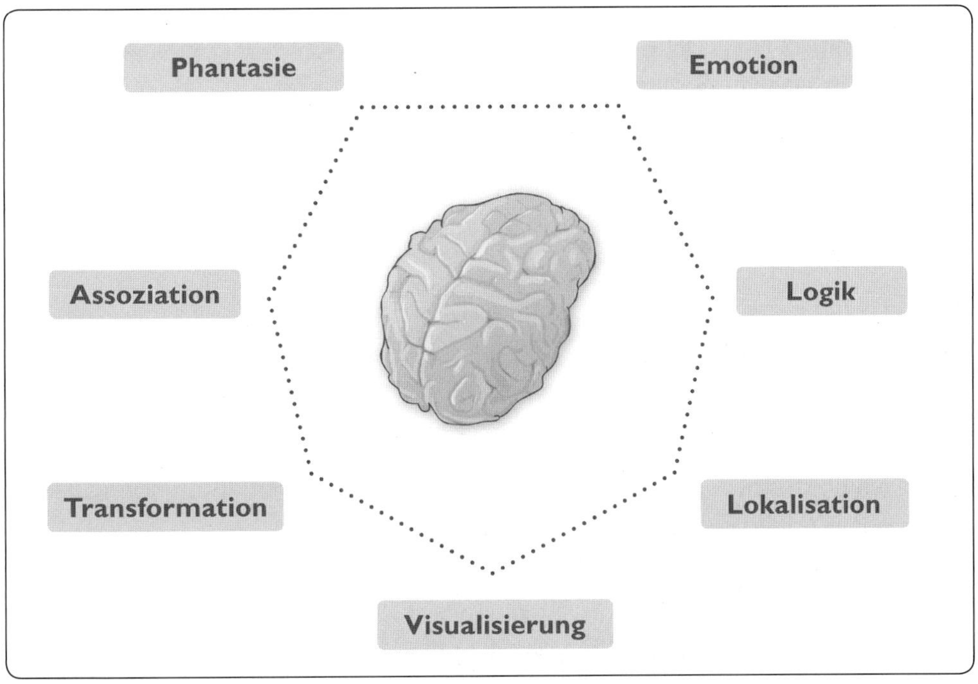

Bearbeitet nach: www.memoryxl.de/gedaechtnistraining-mit-mnemotechniken; 2.4.2013

2.2 Lesekompetenz trainieren und am Text arbeiten

Zur Konzeption

Das Kapitel ist so angelegt, dass die Schülerinnen und Schüler ihre bisher erworbene Lesekompetenz reflektieren und weiter an deren Entwicklung arbeiten sollen. Hierzu wird eine geeignete Ausgangsbasis mit der Drei-Gang-Methode geschaffen, die die Grundlage für die darauf aufbauende Textarbeit ist. Mithilfe verschiedener Übungen werden die Schüler an die Auswertung eines größeren Textes herangeführt. Damit soll dazu beigetragen werden, dass sie Texte im Fachunterricht nach der hier trainierten Methode bearbeiten können.

Fachliche und methodische Hinweise

Die Behandlung der Kapitelinhalte kann in zwei Doppelstunden oder als Übung in mehreren Seminaren bzw. Methodenkursen erfolgen. Die Zielformulierungen für die Unterrichtseinheit sind:

1. Kennenlernen der Drei-Gang-Methode
2. Überprüfen von Lesegeschwindigkeit und Behaltensleistung
3. Erkennen von Problemen, die beim Lesen auftreten können
4. Überprüfen der eigenen Lesefertigkeit
5. Üben des effektiven Markierens von Texten

Der Struktur des Kapitels liegen folgende didaktische Überlegungen zugrunde:

- Die Schüler erhalten anhand des Textes im Schülerband auf **Seite 16 f.** einen kurzen Überblick zur Drei-Gang-Methode und Hinweise zur Verbesserung ihrer Lesetechnik. Diese sollten sie im Selbststudium erfassen und ihre bisherigen Erfahrungen aus dem Fachunterricht im Gespräch mitteilen.
- An die Hinweise zur Methodik schließen sich einige praktische Übungen zur Überprüfung der eigenen Lesekompetenz an.
- **Material 10** dient zur weiteren Verdeutlichung der Fähigkeiten unseres Gehirns beim Lesen.
- Der Beispieltext „Lebensmittel Zucker" wird genutzt um:
  1. die Lesegeschwindigkeit des Lesers festzustellen,
  2. die Aufnahmeleistung zu überprüfen (inhaltliche Komponente).
- Bei einem Textumfang von 233 Wörtern und einer durchschnittlichen Aufnahmeleistung eines Gymnasiasten von 240 Wörtern pro Minute können die Schüler den Text in einer Minute lesen und möglichst zu 100 % die fünf zum Text gestellten Fragen richtig beantworten.
- Die Schüler sollen auf mögliche Probleme beim Lesen aufmerksam gemacht werden und sich selbst kritisch überprüfen.
- Das Markieren von Texten hilft, auf einen Blick wesentliche Dinge zu erfassen und wichtige Inhalte eines gelesenen Textes mithilfe eigener Formulierungen wiedergeben zu können.
- Die Schüler üben am Beispiel des Textes „Lebensmittel Zucker", den sie bereits zur Ermittlung von Lesegeschwindigkeit und Behaltensleistung gelesen haben, wie sie wichtige Dinge in einem Text markieren können. Es wird ihnen schnell klar, wie eine gute Methode der Textmarkierung dazu beitragen kann, nach dem Lesen erneuten Zugriff zu Schwerpunkten des Textes zu haben, ohne ihn ein drittes Mal von Anfang bis Ende zu lesen.

- Als Zusammenfassung des bisher Gelernten und zur Überprüfung der eigenen Lesekompetenz dient der Text „Nie wieder! – Nie wieder?“ auf **Seite 23** des Schülerbandes. Hier sollen die Schüler mithilfe einer differenzierten Aufgabenstellung die Möglichkeit erhalten, ihre Methodik beim Lesen eines Textes umfassend unter Beweis zu stellen und ihre Fähigkeiten hinsichtlich der Verarbeitung von Texten weiter zu entwickeln. **Material 11** kann vom Lehrer als Tafelbild oder Folie genutzt werden.

Lösungen zu den Arbeitsaufträgen im Schülerband

Feststellen der Behaltensleistung

Seite 18

Frage 1: 17–20 % Zucker
Frage 2: seit dem 18. Jahrhundert
Frage 3: heißes Wasser löst den Zucker aus den Rübenschnitzeln
Frage 4: Kalkmilch
Frage 5: Zuckerkristalle

Blickspannweite

Seite 19

Hier sollen die Schüler überprüfen, wie „weit“ ihr Blick beim kurzen Hinschauen und sofortigen Wiederabdecken reicht. Wer einen geübten Blick hat, dem wird es sicher leicht fallen, auch noch die Wortgruppe mit 40 Buchstaben zu erfassen.

Fehlende Buchstaben – doch das Wort wird erkannt!

Seite 20

A Geographie
B Kapitalismus
C Enzyklopädie
D Buddhismus
E Kannibale
F Röntgenuntersuchung
G Talsperre
H Sonnenbrand
I Bundesliga
J Rekordhöhe

„Erstaunlich!“
Man liest von links nach rechts und erfasst von oben nach unten das zu lesende Wort. Deshalb ist der obere Teil des Wortes wichtiger als der untere Teil, um es lesen zu können. Viele Worte erfassen wir als gesamtes Wortbild und können dadurch schneller lesen, als wenn wir die einzelnen Buchstaben als Laute lesen. Der obere Teil des Wortes wird beim Lesen von unseren Augen zuerst erfasst. Das Auge streift über diesen Teil und erfasst somit zugleich das gesamte Wort. Liegt nur der untere Teil des Wortes vor, ist es daher um einiges schwieriger, das Wort zu erkennen. Nicht alle Bestandteile von Wörtern sind also von gleicher Bedeutung beim Lesen.
Siehe hierzu auch **Material 10 Buchstabensalat** als Zusatzübung.

Seite 21

Markieren von Texten

Lebensmittel Zucker

① In den gemäßigten Klimazonen wie bei uns ist die zuckerreichste Pflanze die Zu-
ckerrübe, die etwa 17–20 % Zucker enthält. Das wurde schon vor 250 Jahren ent-
deckt. Seit dem 18. Jahrhundert gibt es in Deutschland den Zuckerrübenanbau. Von
der Aussaat bis zur Ernte der Zuckerrüben im Herbst vergehen etwa 180 Tage. Die
② Rüben verlangen einen guten und gelockerten Boden. In der Zuckerfabrik werden
\+ die Rüben zuerst gewaschen. Wasser und Erde gewinnt man wieder zurück. Die Zu-
\+ ckerrüben werden kleingeschnitten. Die Schnitzel kommen in den Extraktionsturm.
\+ Im Extraktionsturm löst heißes Wasser den Zucker aus den Rübenschnitzeln. Dabei
entsteht eine 15%ige Zuckerlösung. Dieser Rohsaft enthält auch Nichtzuckerstoffe.
\+ Sie werden an zugesetzter Kalkmilch gebunden und mit ihr abgetrennt. Dünnsaft
\+ entsteht. In Verdampfapparaten wird dem Dünnsaft so lange Wasser entzogen, bis
Dicksaft mit einem Gehalt von 70 % Zucker entsteht. Alle Verdampfapparate sind so
miteinander verbunden, dass der eine mit seinem Dampf den jeweils nächsten heizt.
Der Dicksaft wird in der Kochstation, um den Zucker zu schonen, bei Unterdruck
\+ und verminderter Temperatur weiter eingedampft, bis sich Zuckerkristalle bilden.
\+ Der dabei entstehende Kristallbrei wird Füllmasse genannt. Die Füllmasse kühlt in
den Maischen ab, dabei wachsen die Kristalle weiter. In der Zentrifuge werden die
\+ Zuckerkristalle durch Schleudern von dem zähflüssigen Sirup , der Melasse, getrennt.
③ Der größte Teil des Zuckers wird von der Lebensmittelindustrie verwendet. Für den
Hausgebrauch gibt es viele Sorten, z. B. braunen Kandis, Raffinade, Weißzucker, Ge-
lierzucker, Hagelzucker, Zuckerhut und Puderzucker.

①②③	von der Zuckerrübe in der Zuckerfabrik zum Zucker		wichtige Informationen
+	Arbeitsschritte und Ergebnisse in der Zuckerfabrik		Produktionsanlagen
⌒	Beziehung der Begriffe zueinander		Stufen der Zuckergewinnung

Der Schüler kann den bereits bearbeiteten Text zum Thema „Lebensmittel Zucker“ in Kombination mit der unter dem Arbeitsauftrag befindlichen Abbildung nutzen, um einen kleinen Kurzvortrag zu halten.

Seite 22

Arbeitsauftrag 1: Stichwortzettel

- Titanic – Katastrophe verhüten
- Konvention
- Rettungsboote
- Funker
- wasserdichte Schotten oben
- Eisberge orten
- Echolot
- 20. Juni 1989
- Kreuzfahrtschiff kollidierte mit Eisscholle
- 955 Menschen an Bord
- Schotten geschlossen
- Riss – Loch
- Wasser im Rumpf
- Rettungsboote vollbesetzt
- von Eis dicht umgeben (Gefahr!)
- Küstenwachschiff nahm 700 Menschen an Bord
- Personal auf Kreuzfahrtschiff
- Hubschrauber
- keine Verletzten
- Motorpumpen
- Spitzbergen – notdürftig repariert
- Geschehen? Temperatur – Schneeregen – Sicht – Eisfeld – Blick – Geschwindigkeit sehr schnell

Arbeitsauftrag 2: Mögliche Gliederung des Textes

Seite 22

1. Verhütung von Katastrophen auf See
2. 1989 – erneute Kollision mit einem Eisberg
3. Rettung der Passagiere
4. Ursachen des Unglücks

Arbeitsauftrag 3: Ergänzende, eigene Bemerkungen

Seite 22

Geschichte der Titanic einbeziehen
Problematik des Schutzes vor erneuten Katastrophen: Kann der **Mensch** auf **Naturgewalten** Einfluss nehmen = übergreifende Frage

technische Funktion des Schottenschließens

Wie kann Katastrophen auf See besser vorgebeugt werden?

Welche **neue Methoden** gibt es in der modernen Schifffahrt? → *Fachliteratur befragen*

Überwachungs- und Rettungsmaßnahmen: Wie kann man sich noch besser auf Zwischenfälle einstellen?

weiterführende Literatur zu Schiffsunglücken nutzen

Bedingungen für Katastrophen: Vergleich mit der Titanic als unsinkbares Schiff („Luxusliner")

Ursachenkomplexe für immer wieder auftretende Katastrophen auf See, Vergleich mit aktuellen Fährschiffunglücken

Arbeitsauftrag 4: Resümee in eigenen Thesen

Seite 22

1. Katastrophen können durch den Menschen weitestgehend beherrscht bzw. ausgeschlossen werden.
2. Natürliche Bedingungen müssen kein Hindernis für eine sichere Schifffahrt darstellen.
3. Passagiere können den Anblick von Naturgewalten ohne Gefahren für Leib und Leben in gebührender Entfernung wahrnehmen.
4. Tourismus darf nicht in Katastrophentourismus ausarten.
5. Die technische Ausstattung der Schiffe und das Verantwortungsbewusstsein des Kapitäns und der Besatzung müssen im Einklang stehen.

Material 10 – Buchstabensalat

Wuram knenön Sie deiesn Txet fsat moelhüs lseen? Die Regihenfloe der Buhesatebn its dcoh vlonstlädig ducirhenaednr! Aebr dauarf kmomt es acuh gar nihct an. Das stleletn birstihce Wesesnhcaftlsir brieets vor mher als 25 Jhraen fset. Sie baetn Sendutten, Txete mit cohaticsh vetrusachetn Bcuhsatebn zu leesn. Kenier von inehn httae Peborlme dmiat, sloagne nur der esrte und der ltetze Bcushtbae jeeds Wroets rihcitg war. Das Emerpexint biesewt, dsas Wetörr als Gnazes whemogranmen wreedn, und dsas das Hrin biem Lseen stniädg Hopyhtseen afutslelt. Wnen scih dsiee biem Bcilk auf das Writbold acuh nur ofberllcähcih bsietetägn, wreedn die ennilezen Busahtcebn pkarctsih gar nchit mher wramgomhenen.

Lösung

Material 10

Warum können Sie diesen Text fast mühelos lesen? Die Reihenfolge der Buchstaben ist doch vollständig durcheinander! Aber darauf kommt es auch gar nicht an. Das stellten britische Wissenschaftler bereits vor mehr als 25 Jahren fest. Sie baten Studenten, Texte mit chaotisch vertauschten Buchstaben zu lesen. Keiner von ihnen hatte Probleme damit, solange nur der erste und der letzte Buchstabe jedes Wortes richtig war. Das Experiment beweist, dass Wörter als Ganzes wahrgenommen werden, und dass das Hirn beim Lesen ständig Hypothesen aufstellt. Wenn sich diese beim Blick auf das Wortbild auch nur oberflächlich bestätigen, werden die einzelnen Buchstaben praktisch gar nicht mehr wahrgenommen.

Material 11 – Was hilft, Texte besser zu lesen und zu verstehen?

- **Bilder** (Zeichnungen, Fotos, Clip-Arts usw.)
- **Überschriften** (geben genauere Informationen zum Thema)
- **Absätze im Text** (gliedern den Text, zeigen inhaltliche Zusammenhänge auf, z. B. Einleitung, Hauptteil mit Teilüberschriften, Schluss)
- **Schlüsselwörter** (wichtige Begriffe, die wesentliche Inhalte des Textes charakterisieren)
- **Worterklärungen als Fußnoten** (kurze inhaltliche Erläuterungen zu einem Begriff)
- **Zusatzinformationen** (durch Grafiken, Tabellen und Quellentexte)
- **Nutzung von Nachschlagewerken** (Lexika, Chroniken, Atlanten u. a.)
- **Studium von Zusatzliteratur** (auf der Grundlage angegebener oder selbst gefundener Literatur, auch Nutzung einer Internetrecherche)

2.3 Umgang mit statistischem Material

Zur Konzeption

Die Schülerinnen und Schüler können mithilfe der Doppelseite ihr Wissen zum Umgang mit Statistiken aus dem Fachunterricht (Geografie, Physik u. a.) aufgreifen. Es bietet sich hierbei insbesondere an, verschiedene Arten von Diagrammen zu analysieren und deren Einsatzmöglichkeiten im Rahmen einer zu erstellenden Facharbeit zu erkunden.

Fachliche und methodische Hinweise

Die Behandlung der Kapitelinhalte kann in einer Doppelstunde oder in erweiterter Form als Seminartag in einem Statistischen Landesamt oder in einer mit statistischem Material arbeitenden Behörde gestaltet werden. Zielformulierungen für die Unterrichtseinheit sind:

1. Die Schüler erkennen mithilfe der vorgestellten Diagramme unterschiedliche Einsatzmöglichkeiten und erarbeiten selbstständig anhand ausgewählter Beispiele die Vorgehensweise bei der Auswertung von statistischem Material.
2. Grundlage des Herangehens bildet hierbei das Einordnen, Beschreiben, Erklären und Bewerten von Diagrammen am Beispiel.
3. Eine Erweiterung des Arbeitsauftrages ist in der Weise möglich, dass die Schüler die neuesten statistischen Angaben für das aktuelle Jahr recherchieren.

Lösungen zu den Arbeitsaufträgen im Schülerband

Eigene Diagrammdarstellung

Seite 25

Lösungsmöglichkeiten: Es können durch die Schüler mit Hilfe von Diagrammen verschiedene Schwerpunkte dargestellt werden, zum Beispiel:

Diagramm 1: Darstellung und Vergleich der Facebooknutzung (in Deutschland) der verschiedenen Altersklassen nach dem Geschlecht.

Diagramm 2: Darstellung und Vergleich der Nutzung von Facebook (in Deutschland) der verschiedenen Altersklassen insgesamt in den Jahren 2010 und 2011.

Beispiel für Diagramm 1: Säulendiagramm

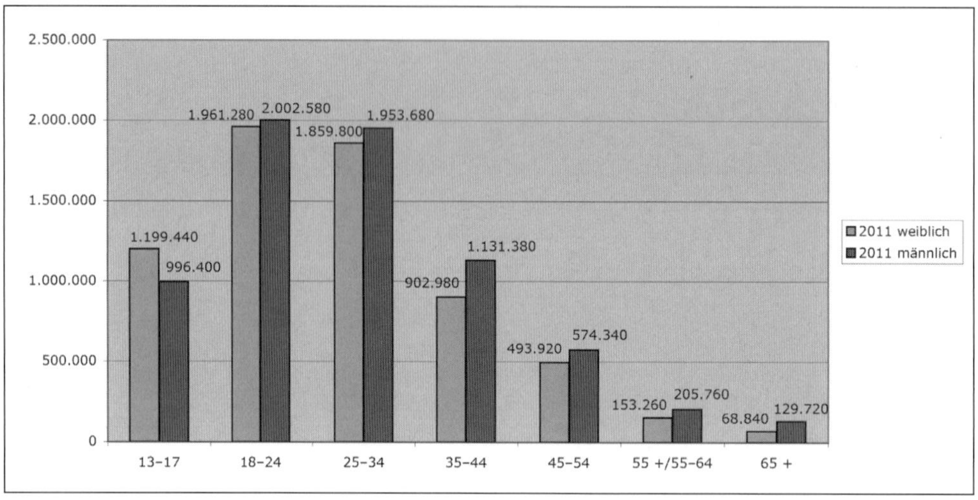

Erklärung

Zur Darstellung der angegebenen Werte wurde die Form des Säulendiagramms gewählt. Hierdurch kann eine differenzierte Analyse erfolgen, die deutlich macht, dass in den verschiedenen Altersgruppen Unterschiede in der Nutzung von Facebook durch männliche und weibliche Community-Mitglieder zu verzeichnen sind. Insgesamt kann festgestellt werden, dass es im Jahr 2011 mehr männliche als weibliche Facebooknutzer gab. Interessant wäre nun die Ergänzung durch aktuelles Zahlenmaterial, um eine Veränderung oder eine ähnliche Entwicklung zum Jahr 2011 feststellen zu können.

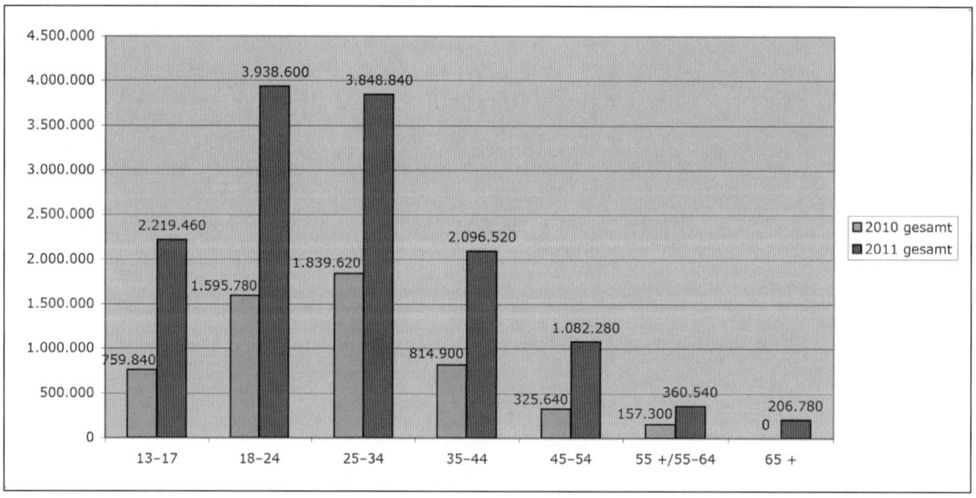

Beispiel für Diagramm 2: Säulendiagramm

Erklärung

Zur Darstellung der angegebenen Werte wurde auch hier die Form des Säulendiagramms gewählt. Die Analyse zeigt, dass in den verschiedenen Altersgruppen Unterschiede in der Nutzung von Facebook zu verzeichnen sind. Insgesamt kann festgestellt werden, dass die Zahl der Facebooknutzer in allen Altersgruppen im Vergleich von 2010 zu 2011 gestiegen ist, wobei hier auch deutlich wird, in welcher Altersklasse der größte Zuwachs zu verzeichnen ist.

Hinweis: Interessant wäre es außerdem, ein **Kurvendiagramm** anzufertigen, um zu sehen, ob die Entwicklung im Jahr 2011 proportional zum Jahr 2010 erfolgte.

Die Schüler analysieren nach den auf **Seite 25** vorgegebenen Schritten die angefertigten Diagramme.

2.4 Ein Interview führen

Zur Konzeption

Die Schülerinnen und Schüler entscheiden sich im Rahmen der Erstellung ihrer Facharbeit relativ oft für die Durchführung eines Interviews. Allerdings wissen sie kaum etwas über die Methoden, die dafür notwendig sind und die sie beherrschen müssten. Das Kapitel soll sie in einfacher Art und Weise dabei unterstützen, diese empirischen Forschungsmethoden näher kennenzulernen und sinnvoll im Rahmen ihrer Facharbeit zu nutzen.

Fachliche und methodische Hinweise

Die Behandlung der Kapitelinhalte kann sowohl in Doppelstunden oder in erweiterter Form als Seminartag gestaltet werden. Zielformulierungen für die Unterrichtseinheit sind:

1. Kennenlernen der beiden Untersuchungsmethoden der empirischen Sozialforschung: qualitative und quantitative Methode
2. Beispielhafte Beschäftigung (**Seite 27 f.** und **30f.** des Schülerbandes) und Auseinandersetzung mit beiden Untersuchungsmethoden verbunden mit der Zielsetzung, ein eigenes Interview zu einem ausgewählten Thema zu führen (Nutzung von **Material 12 und 13**)

Kurze Einführung in die empirischen Forschungsmethoden

Auch wenn es eine Flut an schwer durchschaubarem Material gibt, ist es im Grunde genommen ganz einfach, wenn man ein paar **grundlegende Regeln** beherrscht:

1. Egal welche Methode ein Problem genauer erhellen soll, am Anfang jeder Untersuchung steht zunächst die **Fragestellung**, dann die **Konzeption** und danach die **Entscheidung**, welches methodisch strategische Vorgehen sinnvoll ist. Das nennt man in der Fachsprache: **Gegenstandsangemessenheit der Methoden**.

2. Bei den **Untersuchungsmethoden** werden **qualitative** und **quantitative** unterschieden. Diese Unterscheidung machen sie implizit, wenn sie von Interviews und Fragebögen sprechen.
   - **Qualitative Methoden** meinen sämtliche Verfahren, die als Grundlage Texte besitzen bzw. es um Textinterpretationen geht (z. B. Dokumentenanalysen, Interviewprotokolle, Interviewtranskriptionen, Beobachtungsprotokolle).
     Literaturhinweis zum Überblick über qualitative Interviews bei:
     Flick, Uwe (2004): Qualitative Sozialforschung. Eine Einführung. Reinbek. Kapitel „Verbale Daten“
   - **Quantitative Verfahren** sind derart standardisiert (z. B. Fragebögen zum selbstständigen Ausfüllen oder zum mündlichen Befragen), dass sie letztendlich in mathematische Operationen überführt werden können und das Ergebnis Fakten, Zahlen, Häufigkeiten usw. zu einem Problem sind.

Wenn man sich im Rahmen der Erstellung einer Facharbeit nun entscheiden soll, ob man die qualitative oder die quantitative Methode nutzen möchte, sollte Folgendes beachtet werden:

1. qualitative Interviews (z. B. Leitfrageninterview, Erzählungen, biographische Erzählungen):

- offener in der Durchführung
- es geht verstärkt um einzelne Fälle (weniger um flächendeckende Beschreibungen)
- weniger Probanden, leichterer Feldzugang
- es kommt immer etwas heraus
- intensiv in der Materialbearbeitung (Schreiben von Interviewprotokollen usw.)
- aufwändig in der Auswertung (Wie interpretiere ich Texte?)
- sehr anschlussfähig an Methoden der Quelleninterpretation/Textanalysen (Deutsch/Geschichte usw.)
- gut geeignet für Arbeiten in der Gruppe
- kleine „Statistiken“ lassen sich kombinieren
- Darstellung der Ergebnisse meistens im Text („kreatives Schreiben“)

Vorteile:

- die im Rahmen eines narrativen Interviews erhaltenen Informationen sind mit großer Wahrscheinlichkeit gültiger und bedeutungsvoller als bei standardisierten Interviews;
- die Interviewten können im Gespräch ihnen wichtig erscheinende Dinge hervorheben und entsprechend darstellen, um deren Bedeutung hervorzuheben;
- die Informationen sind **umfassender**, weil sie nicht durch vorgegebene Antworten (wie bei standardisierten Fragebögen) eingegrenzt sind;

mögliche Nachteile:

- die Interviews können von unterschiedlicher Qualität sein, dadurch ist die Vergleichbarkeit möglicherweise eingeschränkt;
- der Interviewer setzt zum Teil voraus, dass die Befragten über die nötige sprachliche, soziale und fachliche Kompetenz verfügen und auch bereit sind, ihre eigene, vielleicht selbst erlebte Geschichte zu erzählen, wobei diese subjektiv ist und nicht immer davon auszugehen ist, dass sie so stattgefunden hat
- die erzählten Geschichten sind sehr individuell, gehorchen damit einer eigenen persönlichen Erfahrung und sind deshalb meist schwer vergleichbar;
- wenn eine gewisse Mindestinformation garantiert werden soll, muss der Interviewer häufiger eingreifen, dadurch kann der Gesprächsfluss ins Stocken kommen.

2. quantitative Methoden (z. B. schriftliche oder mündliche Befragung)

- standardisiert, vorab festgelegte Struktur (die Richtung steht)
- aufwendig in der Vorbereitung (Fragebogenkonstruktion)
- kontrollierter in der Auswertung (Berechnung z. B. von Häufigkeiten, Mittelwerten und anschließende Interpretation der „Zahlen“)
- Ergebnisdarstellung mit Hilfe von Diagrammen und Abbildungen
- das gesamte Vorgehen ist mehr an der „Analytik“ mathematisch-naturwissenschaftlicher Methoden orientiert
- größere Anzahl von Probanden (um überhaupt zu einem Ergebnis zu kommen)

Material 12 – Arbeitsblatt zum Interview

Das Interview

Was ist ein Interview?

____

____

Qualitatives Interview	Quantitatives Interview
______________________	______________________
______________________	______________________
______________________	______________________

Worauf muss man bei einem Interview achten?

____

____

Welche Fragen muss man sich vor einem Interview stellen?

____

____

Interview mit einem Zeitzeugen

Für ein Referat zum Thema „**Alltag im Krieg**" wollen Sie erkunden, wie die Menschen in Deutschland während des 2. Weltkrieges (über)lebten, wie sie ihren Alltag verbrachten. Dafür sollten Sie einen **Zeitzeugen befragen**, der sich noch an den Alltag im Deutschland der Jahre 1939 bis 1945 erinnern kann. Das kann eine Oma, ein Onkel, ein Nachbar sein. Für alle spannend wäre sicher ein „öffentliches Interview", bei dem der Zeitzeuge in die Schule eingeladen und dort von Ihnen befragt wird.

Die Meinungsumfrage

Sie wollen einen Artikel für die Schülerzeitung schreiben. Das Thema der nächsten Ausgabe lautet: „*Sozialverhalten und Klima in unserer Schule*".
Sie interviewen Ihre Klassenkameraden zu Fragen des Schulklimas.

- Erarbeiten Sie sich einen Fragenkatalog, der alle Aspekte berücksichtigt, die Ihnen wichtig erscheinen. Befolgen Sie bei der Befragung die zu beachtenden Schwerpunkte.

Material 13 – Kurzübersicht zur Planung und Durchführung einer empirischen Studie (qualitatives Interview)

1. Zeitplan
2. Erhebungsverfahren (Beobachtungen, Leitfrageninterviews, Erzählungen)

Prozess:
- Erkundende Vorphase (Vorgespräche, Beobachtungen)
- Vorbereitung der Interviews (**Leitfaden**, Sozialdaten, Auswahl der Interviewpartner)
- Probeinterviews/Methodentraining
- Überarbeitung des Leitfadens
- Interviewerhebungsphase

Ablauf eines Einzelinterviews:
- Offenheit
- Vertrauensbasis
- Motivieren
- Hinweis Datenschutz
- Angleichung des Sprachstils
- Keine suggestiven Vorgaben
- Bewertende und kommentierende Äußerungen vermeiden
- Schwierigkeiten und fehlende Geduld beim Nachfragen (zu hetzend, zu dominierend, zu disziplinierend)
- Tonbandmitschnitte
- Dokumentation der Interviewsituation (Auffälligkeiten, Kontaktaufnahme, Selbstreflexion)

Einzelfallbearbeitung:
- Transkriptionsprotokolle (selektives Protokoll, 1. Verdichtungsschritt)
- sehr schwierig, weil es die Texte sind, an denen die Interpretation ansetzt
- wortgemäße und sinngemäße Übertragung (wichtig für spätere Einarbeitung in den Text)
- Einzelfallauswertung (Globalauswertung)

2.5 Vortrag ist nicht gleich Vortrag – auf die Rhetorik kommt es an!

Zur Konzeption

Die Schülerinnen und Schüler sollen mit den im Schülerband aufgegriffenen Elementen für die Gestaltung eines Vortrages ihre Erfahrungen aus dem Fachunterricht reflektieren, sich intensiv mit Fragen der Rhetorik beschäftigen und am praktischen Beispiel den eigenen und den Stand der Mitschüler kritisch hinterfragen und analysieren. Kommunikations- und Teamfähigkeit spielen in dieser Arbeitsphase eine besondere Rolle. Bisher erworbene Kompetenzen werden insbesondere dazu genutzt, die eigenen Fähigkeiten zu erweitern. Bezüge zum **Kapitel 9 (Seite 92–100)** des Schülerbandes sind zwangsläufig gegeben, da der Vortrag wesentlicher Bestandteil der Präsentation von Arbeitsergebnissen im Kolloquium ist.

Fachliche und methodische Hinweise

Die Behandlung der Kapitelinhalte kann in zwei Doppelstunden oder als Übung in Seminaren bzw. Methodenkursen erfolgen. Gut geeignet ist auch die Form des Seminartages, da hier genügend Zeit zur Verfügung steht, ein Rhetorikprogramm für die Klasse/Seminargruppe zu gestalten und jede Schülerin und jeden Schüler mit einem eigenen Beitrag in das Unterrichtsgeschehen einzubeziehen. Die Zielformulierungen für die Unterrichtseinheit sind:

1. Erörtern und Reflektieren der Komponenten Qualifikation – Kontakt – Argumentation als wesentliche Voraussetzungen für einen erfolgreichen Vortrag und die damit verbundene Rolle der eigenen Persönlichkeit.
2. Erkennen der Wirkung der eigenen Stimme auf das Publikum.
3. Erkennen der Rolle von Blickkontakt und Körpersprache für einen vollendeten Vortrag.
4. Vorbereiten und Durchführen einer Argumentation zu einem ausgewählten Thema.
5. Kritisches Einschätzen der eigenen Leistung und der anderer mithilfe eines Beobachtungsbogens und der Aufzeichnung der Vorträge mittels Videokamera.

Zur Vorbereitung dieser Unterrichtseinheit kann auf umfangreiche Literatur zurückgegriffen werden, die im Anhang aufgeführt ist. Dabei empfiehlt sich u. a.:
Heinz Klippert: Kommunikationstraining. Übungsbausteine für den Unterricht, Weinheim 2000.

Hier kann der Lehrer die unterschiedlichsten Trainingsbausteine für die praktische Umsetzung entnehmen und zahlreiche Übungen zur Förderung des freien Sprechens und Erzählens finden. Wichtig erscheint in diesem Zusammenhang auch ein Exkurs in die Gesprächsführung. Rhetorische Übungen und Interaktionsspiele runden das Angebot dieses Buches ab.

Hinweise zu den Arbeitsaufträgen im Schülerband

Seite 32

Drei Komponenten

Die Schüler sollen mithilfe der in der Tabelle aufgeführten Fakten die Beziehungen der drei Komponenten zueinander und deren Abhängigkeit voneinander anhand eines selbstgewählten oder vom Lehrer vorgegebenen Themas erläutern.

Seite 36

Argumentensammlung

Die Schüler lernen es, zur Vorbereitung auf einen Vortrag Pro- und Kontra-Argumente zusammenzustellen und diese anhand verschiedener Themenvorschläge zu trainieren. Dabei kann ihnen das Beispiel zum Thema „Wohnen in der Stadt oder auf dem Lande" eine Orientierungshilfe sein.

Beobachtungsbogen für einen Vortrag
Der Beobachtungsbogen kann von den Schülerinnen und Schülern zur kritischen Analyse der im Unterricht/Seminar gehaltenen Vorträge genutzt werden. Stärken und Schwächen eines Vortrages können schneller erkannt und darüber im Team diskutiert werden.

2.6 Seminartag Archiv und Bibliothek

Zur Konzeption

Das Kapitel ist so angelegt, dass die Schüler einen Seminartag absolvieren können, der sechs Unterrichtsstunden umfasst. Die Struktur dieses Kapitels ermöglicht es aber auch, die Inhalte in mehreren Unterrichtsstunden bzw. Seminaren zu bearbeiten. Die inhaltliche Planung geht davon aus, dass die Schüler eine Bibliothek und ein Archiv aufsuchen und dort sowohl allgemeine Informationen über diese Arbeitsorte sammeln als auch praktische Übungen zum Erwerb von Lern- und Arbeitstechniken durchführen, die zu einer soliden Vorbereitung für die spätere Erstellung einer Facharbeit beitragen. Kommunikations- und Teamfähigkeit müssen unter Beweis gestellt werden, um die verschiedenen Arbeitsphasen zu bewältigen.

Fachliche und methodische Hinweise

Die Unterrichtseinheit geht von einem allgemeinen Seminar aus, das den Schülern wichtige Grundlagen zur Erstellung eines Anhangs für eine Facharbeit vermittelt. Methodisch sollte in folgender Art und Weise verfahren werden:

- Erläuterung der Notwendigkeit eines Anhanges bei einer (vor-)wissenschaftlichen Arbeit,
- Erarbeitung der Unterschiede von Literatur- und Quellenverzeichnis (Schülerband **Seite 40 ff.**, weitere Hinweise hierzu erfolgen in **Material 14**),
- Vertraut machen mit der Verfahrensweise bei der Angabe von Literatur (Schülerband **Seite 40 f.**) und Durchführung einer darauf abgestimmten Übung (Schülerband **Seite 43–47**),
- Erfassen verschiedener Möglichkeiten bei der Angabe von Quellen (Schülerband **Seite 41 f.**, Quellenangaben als Fußnoten oder als Kurzbeleg im laufenden Text),
- Übung zur Erstellung eines Exzerpts, um wesentliche Inhalte zu erfassen und für eine Weiterverarbeitung verfügbar zu machen (Schülerband **Seite 48–51**, **Material 15** des Lehrerbandes).

An diese methodischen Schritte sollte sich möglichst der Besuch einer Bibliothek und eventuell auch eines Archivs anschließen.

Hinweis: Vor dem Besuch beider Einrichtungen sollte der Lehrer eine inhaltliche Absprache mit der Archivarin/dem Archivar und der Bibliothekarin/dem Bibliothekar treffen, damit beide genau Bescheid wissen, welches Ziel der Besuch verfolgt. Am besten, man legt die Aufgabenstellungen des Schülerbandes **Seite 38 f.** vor, damit eine fachgerechte Vorbereitung durch die Mitarbeiter der Institutionen erfolgen kann.

Spezielle Arbeitsaufträge sollen dazu beitragen, dass sich die Schüler erstens mit dem Aufbau, den Aufgaben und der Arbeitsweise dieser Einrichtungen beschäftigen und zweitens anhand praktischer Übungen die bisher erworbenen Kenntnisse anwenden und sich Fähigkeiten zur Erstellung eines wissenschaftlichen Anmerkungsapparates aneignen können.

Lösungen zu den Arbeitsaufträgen im Schülerband

Seite 38

Archiv

Arbeitsauftrag I – Arten, Aufgaben und Aufbau von Archiven

Im Aufgabenteil A sollen die Schüler Informationen vom Archivar sammeln, die sie in die Lage versetzen, über die Arbeit eines Archivs zu reflektieren. Die Schüler erfahren hierbei, dass der Leitsatz jedes Archivars lautet: „Das Archiv ist keine Bibliothek!“. Diese Aussage macht deutlich, dass ein Archiv keine Bücher beinhaltet, sondern dass dort zahlreiche Akten, lose Blattablagen und Dokumente zu finden sind. Der Zugang zu einem Archiv wird streng kontrolliert. Eine Anmeldung sowie ganz konkrete Aufgabenstellungen wie z. B. Familienforschung sind nötig, um dem Besucher den Zutritt zum Archiv zu gewähren. Es gibt verschiedene Arten von Archiven, die der Archivar vorstellen sollte. Sie sind systematisch nach ihrer Funktion unterteilt:

Staatliche Archive	Die staatlichen Archive bilden die größte Gruppe unter den Archiven. Ihre Funktion ist es, Unterlagen zu sammeln, die im Rahmen von staatlichen Vorgängen erstellt wurden, u. a. von Schulen und anderen staatlichen Einrichtungen. Bsp. Thüringen: In Weimar befindet sich das „Thüringische Hauptstaatsarchiv“, das den staatlichen Archiven von Gotha, Meiningen sowie Greiz übergeordnet ist.
Kommunale Archive	Die kommunalen oder Stadtarchive sammeln Unterlagen, welche die Geschichte einer Stadt oder von Landkreisen betreffen. Man findet u. a. statistische Unterlagen und Dokumente, die über städtische Entwicklungen und Probleme Auskunft geben.
Kirchenarchive	Fast jede Kirche (ev./kath./jüd.) besitzt ihr eigenes Archiv. Bsp. Thüringen: Die evangelische Landeskirche in Eisenach Das katholische Bistumsarchiv in Erfurt Das jüdische Landesgemeindearchiv in Erfurt
Herrschafts- und Haushaltsarchive	Hier werden Akten von Familien gelagert, die eine bedeutende Rolle in der Geschichte der jeweiligen Region gespielt haben.
Wirtschafts-archive	Jeder privatwirtschaftliche Betrieb kann ein eigenes Archiv besitzen, in dem die Firmen- bzw. Betriebsgeschichte nachzulesen ist.
Archive der Parteien, Parlamente und politischer Verbände	Diese Archive bestehen vor allem aus Sammlungen von Sitzungsprotokollen. So befindet sich z. B. das Parteiarchiv der SPD in Heidelberg und das der CDU ist der Konrad-Adenauer-Stiftung angegliedert.
Medienarchive	Medienarchive werden nach den verschiedenen Medienarten unterteilt: • Fernseharchive (jeder Kanal verwahrt seine Programme) • Zeitungsarchive (jede Zeitung sammelt ihre Ausgaben) • Archive der Digitalbereiche • Fotoarchive

Hochschularchive/ Stiftungsarchive	Jede Universität dokumentiert ihre Geschichte in einem Archiv (Hochschularchiv). Bsp. Thüringen: In Weimar befinden sich das „Bauhaus Archiv" und das Archiv der Musikhochschule. Die Stiftung „Weimarer Klassik" führt das „Goethe- und Schiller-Archiv". Ein weiteres Beispiel für ein Stiftungsarchiv ist das „Buchenwald Archiv" (archivarische Sammlung).

Ein Archivar hat die Aufgabe, Verwaltungsunterlagen

- zu erfassen (Unwichtiges auszusondern, Wichtiges zu übernehmen),
- zu archivieren, d. h. die Unterlagen zu bewerten (Fachbegriff: Kassation), zu erschließen (Verzeichnung, Ordnung) und aufzubewahren (den Bestand zu erhalten),
- auszuwerten (Öffentlichkeitsarbeit: anhand von z. B. Geburtenzahlen auf den hygienischen Zustand jener Zeit zu schlussfolgern)
- und das Archivgut zugänglich zu machen.

Um ein Archiv für private oder berufliche Zwecke nutzen zu dürfen, bedarf es einer telefonischen oder schriftlichen Anmeldung. Man bekommt einen Termin zur konkreten Themenvorstellung. Wenn der angeführte Zweck der Einsicht akzeptiert wurde, füllt man einen Benutzerantrag aus. Mit diesem Antrag verpflichtet man sich automatisch der dort herrschenden Archivordnung. Ein Archiv verleiht keine Dokumente aus seinem Bestand. Man hat lediglich die Einsicht in die angeforderten Unterlagen, wie es die Öffnungszeiten erlauben. Allerdings werden Kopierwünsche des Besuchers gegen ein bestimmtes Entgelt durchaus gestattet. Wenn vom Besucher gewünschte Akten nicht vorliegen, sind Fernleihen möglich. Dabei wird ein Archiv, das die gewünschte Akte besitzt, gebeten, die Akte an das Archiv des Besuchers auszuleihen.

Das „Stiftungsarchiv der Gedenkstätte Buchenwald"

Die allgemeinen Bedingungen in Archiven gelten ebenfalls für das „Buchenwald Archiv". Kopien von Unterlagen sind kostenpflichtig (pro Blatt 40 Cent). Die Akten sind mit Signaturen versehen, die auf Karteikarten geordnet sind. Wenn man aus den Unterlagen zitiert, möchte das „Buchenwald Archiv" wie folgt vermerkt werden: „BwA Signatur" oder „BwA o. S."(= ohne Signatur). Das „Buchenwald Archiv" unterscheidet sich von anderen Archiven dadurch, dass es „nur" eine archivarische Sammlung ist. Man begann erst 1971 mit Sammeln und da die Amerikaner nach der Befreiung des Konzentrationslagers Buchenwald von April bis Juli 1945 viele Unterlagen mitgenommen hatten, konnte das Archiv nur durch das Archivieren zurückgebliebener Reste seinen heutigen Bestand erreichen. Viele einzelne Blätter wurden zu diesem Zweck gekauft oder man bekam sie geschenkt. Auf diese Weise gibt es vereinzelte Originale sowie viele Mikrofilme. Hauptsächlich hat das „Buchenwald Archiv" seinen beachtlichen Bestand ehemaligen Häftlingen zu verdanken, die Biografiensammlung begründet sich darauf. Einzusehen sind u. a. Akten von Morgenappellen und Sammelstücke von Häftlingen, wie z. B. Briefe, Bilder, Tagebucheinträge und Zeichnungen. Eine genauere Übersicht der Bestände des „Buchenwald Archivs" findet man beim Besuch des Archivs vor.

Arbeitsauftrag 2

Hier sollen die Schüler anhand konkreter Beispiele, die der Archivar vorschlägt (z. B. eine Biographie), mit Archivmaterialien arbeiten.

Seite 38 Bibliothek

Arbeitsauftrag 1 – Arten, Aufgaben sowie Aufbau von Bibliotheken
Eine Bibliothek setzt sich im Gegensatz zum Archiv ausschließlich aus „Gedrucktem" zusammen. Man unterteilt Bibliotheken in zwei Arten:

1. Öffentliche Bibliotheken
Öffentliche Bibliotheken sind die Stadtbibliotheken, früher auch die Volksbibliotheken genannt. Zu diesen Bibliotheken hat jeder Interessierte Zugang. Aus diesem Grunde gibt es sehr viele und vor allem breit gefächerte Themenbereiche.

2. Wissenschaftliche Bibliotheken
Wissenschaftliche Bibliotheken sind beispielsweise Universitätsbibliotheken wie die der Bauhaus Universität in Weimar. Wissenschaftliche Bibliotheken sind zwar öffentlich, haben aber einen anderen Anspruch, nämlich einen wissenschaftlichen. Sie sind auf spezielle Fachbereiche ausgerichtet z. B. auf Geschichtswissenschaft, Germanistik usw. Zu derartigen Bibliotheken zählen Nationalbibliotheken, Universitäts- und Regionalbibliotheken sowie Forschungs-/Instituts-Bibliotheken von speziellen Einrichtungen, welche auch anstelle des Staates die Trägerschaft übernehmen. Solche Einrichtungen können Institute oder Klöster sein. Die Einrichtungen finanzieren die gesamte Bibliothek.
Die Aufgaben der Bibliothekare sind vielfältig. Sie kümmern sich um die Bestandserweiterungen, indem sie nach bestimmten Kriterien Bücher auswählen und aufkaufen. Sie betreuen die Besucher und stellen die Bücher für den Gebrauch bereit. Sie helfen dem Leser spezielle Literatur zu finden und stellen eine Informationsquelle für den Besucher dar. Die Aufbewahrung der Bücher ist ebenfalls Aufgabe der Bibliothekare. Sie sind für das Ordnungssystem, die Signatur und den Regalaufbau zuständig. Zu ihrem Aufgabenbereich gehört auch, ältere und beschädigte Bücher zum Buchbinder zu bringen, um sie länger zu erhalten. Eine Bibliothek erstreckt sich meist über mehrere Räume, dabei unterscheidet man zwischen zwei Arten des Aufbaus einer Bibliothek:

Magazinbibliothek	Freihandbibliothek
Die Bücher werden nicht frei zugänglich, sondern in Magazinräumen aufbewahrt. Hier ist eine Nachfrage beim Bibliothekar nötig. Der Angestellte wird dann das gewünschte Werk heraussuchen.	Die Bücher sind für jeden Besucher im sogenannten „Freihandbereich" zugänglich. Diesem Aufbau entsprechen die Stadtbibliotheken. Sie sind inhaltlich gegliedert sowie in die Bereiche für Kinder und Erwachsene unterteilt.

Die Bibliothek der Gedenkstätte Buchenwald
Die Bibliothek der Gedenkstätte Buchenwald ist eine wissenschaftliche Fachbibliothek mit Öffentlichkeitscharakter. Sie ist auf das Fach Geschichtswissenschaft ausgerichtet. Ihre Sammelschwerpunkte, nach denen die Literatur ausgewählt wird, sind:
- Bücher aus der Vorkriegszeit, „Wie es zum Nationalsozialismus kam" (Zeit vor 1933),
- Bücher aus dem Zeitraum 1933–1945 (speziell zu Konzentrationslagern),
- Bücher nach 1945 bis zur Gegenwart, die von der Gedenkstätte Buchenwald oder der Nachkriegszeit handeln,
- Bücher zum Gedenken/zur Erinnerung an jene Zeit,
- Bücher über den Rechtsextremismus.

Die Bibliothek der Gedenkstätte Buchenwald wird vorwiegend von Lehrern, Studenten, Schülern und Geschichtswissenschaftlern genutzt. Zusätzlich kommen auch Einzelbesucher mit bestimmten Interessen oder Hinterbliebene von ehemaligen Häftlingen und Workcamp-Gruppen. Die Aufgliederung dieser Bibliothek ist eine Mischform aus Freihand- und Magazinbibliothek. Sie ist sowohl nach Nummern als auch inhaltlich geordnet. Außerdem ist die Bibliothek der Gedenkstätte Buchenwald eine sogenannte Präsenzbibliothek, d. h. es ist keine Ausleihe möglich. Der Service der Bibliothek erlaubt aber den Mitarbeitern, Bücher gegen Unterschrift auszuleihen, wobei die Bücher das Haus nicht verlassen dürfen. Fernleihen wie beim Archiv sind auch möglich. Der Bestand der Buchenwald Bibliothek setzt sich zusammen aus wissenschaftlicher Literatur zum Nationalsozialismus, Monographien, Sammelbänden, Erinnerungsberichten, speziellen Sammlungen von Buchenwald-Literatur und einem Sonderbestand von nationalsozialistischer Literatur, d. h. Bücher aus der Zeit von 1933 bis 1945, wie z. B. Hitlers Buch „Mein Kampf“ und Schulbücher für Biologie der Klassenstufen 4 bis 8, die arische Abstammungslehren beinhalten. Um die Bibliothek nutzen zu dürfen, muss man sich anmelden, d. h. einen Benutzerantrag stellen. Mit diesem Antrag gibt man den Zweck sowie seinen Namen an. Mit der Unterschrift akzeptiert man die Bibliotheksordnung.

Recherchemöglichkeiten in einer Bibliothek
Früher war es in Bibliotheken üblich, einen Zettelkatalog in Form von Karteikarten zu führen, die den gesamten Bestand dokumentierten. Heute übernimmt meist der Computer diese Aufgabe. Bei der Computerrecherche in einem Bibliothekskatalog hat man recht viel Spielraum. Oft braucht man nicht den genauen Titel einzugeben, es genügt meist der Nachname des Autors, der Herausgeber, Illustrator oder gar nur ein Stichwort/Schlagwort, nach dem der Computer zutreffende Werke heraussucht. Eine weitere Möglichkeit bietet (wenn vorhanden) ein Thesaurus. Dies ist ein Katalog von Stichworten, nach denen alle Bücher erfasst wurden. Über das Internet ist ebenfalls eine Literaturrecherche möglich.

Arbeitsauftrag 2
Hier wird exemplarisch am Beispiel der Bibliothek der Gedenkstätte Buchenwald die Vorgehensweise aufgezeigt. Wie die meisten Bibliotheken besitzt diese Bibliothek eine Computerdatenbank mit ihrem gesamten Bestand. Am Computer ist demzufolge eine ausführliche Recherche möglich, die durch eine spezielle Computersoftware ermöglicht wird. Sie bietet verschiedene Register an, die man für eine gezielte Suche nach einem bestimmten Buch z. B. „Der SS-Staat“ von Eugen Kogon ausfüllen kann:

- Autor (hier: Kogon, Eugen)
- Person (Hrsg., Illustrator)
- Titel (exakt + ohne Artikel, hier: „SS-Staat“) oder Stichwort, Schlagwort (hier: Drittes Reich, Nationalsozialismus)

Da auch ein Thesaurus vorhanden ist, könnte man auf der Suche nach Informationen über Paul Schneider unter dem Stichwort „Lebensgeschichte“ nachschlagen. Auf diese Weise findet man von sämtlichen Personen, die je mit Buchenwald in Verbindung standen, Informationen. Ebenfalls können die Signaturen in dieser Bibliothek helfen, um eine grobe Suche durchzuführen. Jeder Nutzer kann sich bei Fragen zu seiner Suche jederzeit an die Bibliothekare wenden.

Die verschiedenen Signaturen und ihre Bedeutung:

Bu	Sämtliche Literatur über und aus Buchenwald
Mo	Allgemeine Informationen zu der damaligen Zeit
SL	Sekretierte Literatur
BB	Bartel-Bibliothek, die Privatbibliothek des ehemaligen KZ-Häftlings Walter Bartel
P	Periodika, d. h. Zeitschriften etc.
FA	Forschungsarbeiten

Seite 39 Übung 3

Beispiel zum Thema: Medizinische Experimente in nationalsozialistischen Konzentrationslagern

a) Literaturverzeichnis

I. Nachschlagewerke
Gedenkstätte Buchenwald (Hrsg.): Konzentrationslager Buchenwald 1937–1945. Begleitband zur ständigen historischen Ausstellung, Göttingen 1999 Schott, Heinz: Chronik der Medizin, Augsburg 1997

II. Zeitschriftenaufsätze
Schneider, Ulrich und Stein, Harry: IG Farben-Buchenwald-Menschenversuche. Ein dokumentarischer Bericht, in: Buchenwaldheft 26, Weimar 1986, S. 15 ff.

b) Vorgehensweise bei der Recherche

- Nutzung des Computers: Suche nach dem Stichwort „Medizinische Experimente" bzw. „Fleckfieberversuche"
- Ausleihe der entsprechenden Literatur durch Ausfüllen eines Leihscheines
- Durchsehen des Inhaltsverzeichnisses und des Stichwortverzeichnisses (falls vorhanden) der ausgewählten Literatur

c) Anfertigen eines Exzerpts mit Informationen zum Thema

Da die Schüler die Auswahl an Informationen und Literatur selbst treffen, wird an dieser Stelle nicht explizit ein Exzerpt aufgeführt. Die Anfertigung eines Exzerpts wurde bereits in einem der vorangegangenen Seminare geübt (vgl. Schülerband **Seite 48 ff.** sowie Lehrerband **Material 15**).

Seite 43 ff. Übung zur Angabe von Literatur

Titel 1

a) Sammelwerk
b) von Baratta, Mario (Hrsg.): Der Fischer Weltalmanach 2000. Zahlen, Daten, Fakten, Frankfurt am Main 1999

Titel 2

a) Sammelwerk
b) Der Brockhaus in zwei Bänden, Band 1 (A–K), Stuttgart 1999

Titel 3

a) Zeitschriftenaufsatz
b) Oberweger, Hans Georg: Der Suezkanal. In: Praxis Geographie 23 (1993), S. 34 ff.

Titel 4

a) Verfasserschrift
b) Cincotta, Richard und Engelmann, Robert: Mensch, Natur! Report über die Entwicklung der Weltbevölkerung und die Zukunft der Artenvielfalt, Stuttgart 2001

Titel 5

a) Verfasserschrift
b) Josephson, Matthew: Edison. In: Menschen die die Welt bewegten, Stuttgart 1995, S. 297 ff.

Titel 6

a) Verfasserschrift
b) Roos, Peter: Hitler Lieben. Roman einer Krankheit, Tübingen 1998

Übung zum Exzerpieren Seite 49

b) Literaturangabe
Rovan, Joseph: Geschichte der Deutschen. Von ihren Ursprüngen bis heute, München 1995

c) Inhaltsverzeichnis
8. Kapitel: Die Große Pest und die Krise der Kirche: 1347–1437, S. 175 f.

Übung zum Exzerpieren Seite 50

Siehe **Material 15** (Vorschlag für ein Exzerpt)

Material 14

Unterschiede von Literatur- und Quellenverzeichnis

1. Literaturverzeichnis

Ein Literaturverzeichnis enthält die gesamte Literatur, die für die Erstellung der Arbeit genutzt wurde, und ist immer anzufertigen. Die Literatur wird geordnet nach:
- Nachschlagewerken
- Fachbüchern
- Zeitungen und Zeitschriften
- Internetadressen
- Videos
- CD-ROM

Die Literatur wird innerhalb der einzelnen Gliederungspunkte **alphabetisch** geordnet.

2. Quellenverzeichnis bzw. Fußnoten

Die im Text der Arbeit deutlich zu machenden Zitate (sinngemäß oder wörtlich) werden fortlaufend nummeriert angegeben. Die Nummerierung (Zahl) erscheint als Fußnote (Hochzahl). Die Quellenangabe enthält am Ende die Seitenzahl bzw. den Hinweis auf die folgende oder folgenden Seiten: **f.** bzw. **ff.**
Sinngemäße Übernahmen werden vor der eigentlichen Quellenangabe mit **Vgl.** für „Vergleiche" gekennzeichnet. Bei Direktzitaten entfällt Vgl.
Ebenda erscheint, wenn die eben angegebene Quelle nochmals genutzt wurde.
Die Abkürzung **a.a.O.** verwendet man, wenn die gleiche Quelle schon einmal genutzt wurde, jedoch zwischendurch andere Quellen erfasst wurden und nun auf diese erneut zurückgegriffen wird. Man nennt nur noch den Verfasser und statt des Titels erscheint a.a.O. (am angegebenen Ort) und gegebenenfalls die Seitenzahl. (Bsp.: Rovan, Joseph: a.a.O., S. 16)

Material 15

Exzerpt: „Die Große Pest und die Krise der Kirche 1347–1437“ (Schülerband S. 50 f.)

EXZERPT

zu

Rovan, Joseph: Geschichte der Deutschen.
Von ihren Ursprüngen bis heute, München 1995, S. 178 f.

Thema: Folgen der Pest

1. Auf dem Land

einerseits:

- Umstellung des Ackerbaus wegen geringerer Nachfrage
- Aufgabe unrentabler Höfe oder Anbauflächen

andererseits:

- Aneignung von Grund und Boden der Pestopfer durch Erben, Grundherren, Nachbarn
  – Arbeitskräfte zur Bewirtschaftung notwendig (knapp, teuer)
  – Lohnkosten in der Landwirtschaft stiegen
- Preise für Nahrungsmittel brachen zusammen (weniger Kundschaft in den Städten)
- Grundherren mussten **günstigere Bedingungen** für Bewirtschaftung einräumen bzw. **Zwangsmaßnahmen** ergreifen

  Welche?

  Zitat: *„In manchen Regionen wirkte sich die Pest insofern günstig für die Bauern aus, als ihre Abgaben und Frondienste erheblich gekürzt wurden; in anderen hingegen beschleunigte sie nur die Entwicklung zur allgemeinen Leibeigenschaft.“ (S. 178)*

2. Situation der Städte

- Städte zogen Überlebende an – Wanderbewegung Land – Stadt
- Folge: Verknappung der Arbeitskräfte auf dem Land
- Seuche hatte hier stärker gewütet als auf dem Land – Grund: hygienische Verhältnisse

  enge Bauweise, kaum befestigte Straßen, keine Kanalisation, Tiere und Menschen lebten zusammen auf engstem Raum …

- Ansteckungsgefahr durch enge Verhältnisse größer
- Leichen konnten nicht schnell genug beseitigt werden
- Folgen der Pest in der Stadt: Arbeitskräfte-Mangel, Preisverfall durch geringe Nachfrage

  Zitat: „*… aber das Phänomen der Konzentration fiel ungleich markanter aus. Die Erben oder Nachbarn gelangten in den Besitz großer materieller Werte …“ (S. 179)*
- Pest = Ursprung vieler großer bürgerlicher Vermögen
- 15./16. Jh.: beginnender Aufschwung einer Frühform des Kapitalismus – Entfaltung im Finanzgeschäft, Manufakturwesen, Bergbau

  Frühformen des Kapitalismus: …

3. Lebenseinstellung der Menschen

- Unsicherheit der menschlichen Existenz – Nachdenken über Sinn und Dasein – Hang zum metaphysischen Grübeln

  Begriff: metaphysisch

2.7 Die Facharbeit – ein Thema wählen

Zur Konzeption

Ausgehend von der Suche und Wahl eines Themas durch Schülerteams[4] und dessen Reflexion schafft dieses Kapitel eine wesentliche Voraussetzung für das Gelingen der Facharbeit.
Zuerst sollte hierbei aber die Problematik der Auswahl der Teammitglieder in den Mittelpunkt gerückt werden. Die Schüler können mit Hilfe der Materialien in **Kapitel 7.1** auf **Seite 54 ff.** darauf aufmerksam gemacht werden, dass die im Team zu erstellende Facharbeit erhöhte Anforderungen an die soziale Kompetenz der Teammitglieder stellt.

Den Schülerinnen und Schülern wird durch die **Kapitel 7** und **8** ein Leitfaden in die Hand gegeben, mit dem sie in jeder Phase der Erstellung der Facharbeit eigenverantwortlich umgehen können und der ihnen die nötigen Hilfestellungen bietet. Die Schüler sollen den Nachweis erbringen, dass sie im Rahmen des vorangegangenen Methodentrainings in der Lage sind, eine selbstständige Arbeit anzufertigen.

Kapitel 7 des Schülerbandes ist so angelegt, dass die Schülerinnen und Schüler
a) über die Bildung eines geeigneten Teams, über verschiedene Typen, die in einem Team zusammenarbeiten und Entwicklungsphasen eines Teams reflektieren (Schülerband **Seite 54–57**),
b) über die Wahl ihres Themas mithilfe einer Checkliste Fragen an das Thema stellen, ihre zentrale Fragestellung reflektieren und von der Idee zur inhaltlichen Perspektive finden (Schülerband **Seite 57–64**),
c) über den Eigenanteil ihrer Facharbeit entscheiden können (Schülerband **Seite 64 f.**),
d) ihre Themenwahl begründen und ihr gewähltes Thema verteidigen können (Schülerband **Seite 66 ff.**),
e) einen eigenen Zeitplan zur Realisierung ihrer Facharbeit aufstellen (Schülerband **Seite 69**).

Fachliche und methodische Hinweise

Die Vorbereitung und Durchführung der Themensuche und Themenwahl kann sowohl in Doppelstunden als auch an einem Seminartag erfolgen.

Als Leitfaden für die Reflexion eines von den Schülern gewählten Themas kann **Material 16** herangezogen werden. Dabei ist grundlegend zu bedenken, dass das Thema ein Arbeitsthema ist und sich im Arbeitsprozess Veränderungen ergeben können.

Hinweis: Wichtig für die Themenwahl ist auch die Auswahl eines geeigneten Fachbetreuers. Hinweise hierzu werden im Schülerband auf **Seite 91** gegeben, die sowohl durch die Schüler als auch den betreuenden Lehrer der Schule Beachtung finden sollten.

4 In Thüringen empfiehlt die Thüringer Schulordnung (ThürSO § 78, Abs. 1) als Gruppengröße drei bis fünf Schüler. Zweiergruppen sind möglich, Einzelleistungen jedoch nur in begründeten Ausnahmefällen zulässig (z. B. bei Teilnahme an einem Bundeswettbewerb).

Aufgaben des Außenfachbetreuers bzw. des Fachbetreuers
Der Außenfachbetreuer sollte eine fachkompetente Person sein. Insbesondere kommen in Frage: Mitarbeiter von Museen, Hochschulen, Universitäten, Gerichten, Theatern, Wirtschaftsunternehmen, Vertreter des öffentlichen Dienstes, der Verwaltung von Städten und Gemeinden, der Bundeswehr, von Vereinen und Organisationen oder auch Fachlehrer der Schulen. Die Schüler müssen dahingehend beraten werden, einen Fachbetreuer zu wählen, der bereit und in der Lage ist, eine kontinuierliche inhaltliche Betreuung der Facharbeit zu leisten. Im Rahmen von Konsultationen suchen die Schüler ihren Fachbetreuer auf, beraten mit ihm je nach Arbeitsfortschritt über Themenwahl, Gliederung, Auswahl von Material zur Bearbeitung des Themas, Gestaltung des Probekapitels, Grobkonzeption und Manuskript der Arbeit bis zu deren Endfassung und bereiten das Kolloquium vor. Der Außenfachbetreuer/Fachbetreuer verfasst ein schriftliches Gutachten über die erstellte Facharbeit. Es sollte beachtet werden, dass für die Fachbetreuer keine finanziellen Mittel als Gegenleistung für die Beratung und Begleitung der Schüler zur Verfügung stehen. Am Kolloquium nimmt der jeweilige Außenfachbetreuer als Gast teil.

Die weitere methodische Arbeit bei der Erstellung der Facharbeit kann anhand der **Kapitel 7** und **8** des Schülerbandes erfolgen. Dabei obliegt es dem Lehrer, in Konsultationen auf einzelne Arbeitstechniken Bezug zu nehmen oder aufgabenbezogen ein entsprechendes Seminar durchzuführen. Bei der Erstellung der Facharbeit sollte den Schülerinnen und Schülern durch den Lehrer geholfen werden, folgende Fehler auszuschalten:
- sich zu verzetteln,
- zu viel auf einmal zu tun,
- individuelle Desorganisation (Unordnung am Arbeitsplatz, schlechtes Ablagesystem),
- mangelnde Koordination bestimmter Arbeiten (Bibliotheksbesuch, Anfertigen von Exzerpten, Befragungen und weitere Recherchen),
- ungenügende Absprachen im Team zu inhaltlichen und organisatorischen Fragen,
- Dinge aufzuschieben, Zeitplanung und Termine nicht einzuhalten (Gefahr des Arbeitens unter Druck durch Zeitmangel).

Material 16 – Leitfaden zur Themenwahl

Der Lehrer sollte mit den Schülerteams unter folgenden Gesichtspunkten eine Diskussion zum gewählten Thema führen:

1. Ist das Thema, so wie es jetzt angegangen wird, bearbeitbar?
2. Kann es eine „eigene“ Arbeit werden oder reproduzieren wir nur?
3. Sind wir in der Lage, aus dem gewählten Thema ein Konzept zu entwickeln, dieses zu verdichten und zu veredeln?
4. Haben wir wesentliche Aspekte/Aufgabenfelder des Themas herausgefunden (z. B. sozial- bzw. gesellschaftswissenschaftlich, wirtschaftswissenschaftlich, geisteswissenschaftlich, künstlerisch, mathematisch-naturwissenschaftlich und sprachlich), wonach und womit wir das Thema untersuchen wollen?
5. Ist eine Brücke zwischen diesen Aspekten erkennbar, um inhaltliche Verknüpfungen herstellen zu können?

Bei der Entwicklung der Themenidee sollten drei Kriterien Beachtung finden:
a) ergebnisoffen
b) bearbeitbar
c) eigener Anteil

Die Schüler sollten Fragen an das Thema stellen und sich auf die **zentrale Fragestellung** einigen. Die Sicht aus einem bestimmten „Fenster" oder aus einer bestimmten Perspektive zur vielgestaltigen Bearbeitung des Themas ist zweckmäßig (vgl. Schülerband **Seite 59**).

Gedanken und Ideen zum ausgewählten Thema der Facharbeit können die Schüler in Form eines Stichwortkonzepts, mit einem Brainstorming[5], einem Clustering[6] und einer Mind Map[7] sammeln, erweitern und ordnen.
Die erste Gliederung zum Thema sollte für eine neue Zuordnung genutzt und mit einer Überprüfung der zentralen Fragestellung verbunden werden. Dabei überprüfen die Schüler anhand der Gliederung ihres Arbeitsabschnittes, ob sie dem Thema aus verschiedener Sicht gerecht werden.

2.8 Die Facharbeit – von der Materialsuche bis zur Endfassung

Zur Konzeption

Kapitel 8 des Schülerbandes ist inhaltlich nicht von **Kapitel 7** zu trennen, da es eine Fortsetzung der Arbeit am Thema in vielfältiger Weise darstellt.

Es ist so angelegt, dass die Schülerinnen und Schüler
a) sich wesentliche Schritte zur Materialsuche aneignen,
b) das System der modernen Bibliothekskataloge und die Literaturverwaltungsprogramme ZOTERO oder CITAVI (**Material 17**) kennenlernen,
c) eine themengerechte und logisch aufgebaute Gliederung entwickeln,
d) ein Rohmanuskript anfertigen,
e) im Rahmen der Anfertigung erster Probekapitel die Methode des gegenseitigen Korrigierens (Peer-Review) nutzen können,
f) sich darüber klar werden, was wissenschaftliches Schreiben überhaupt bedeutet,
g) sich mit den formalen Anforderungen an eine Facharbeit vertraut machen,
h) in Konsultationen ihre Arbeitsfortschritte unter Beweis stellen,
i) eine gemeinsame Materialmappe erarbeiten, die in Form eines Portfolios ihre gesamte Erarbeitungsphase der Facharbeit begleiten wird,
j) Protokolle zu verschiedenen Anlässen führen lernen.

Bezüge zum **Kapitel 6** „Seminartag Archiv und Bibliothek" ergeben sich insbesondere bei der Material- und Literaturarbeit.
Der Umgang mit Zitaten sollte in Konsultationen textbezogen an **Probekapiteln** geübt und gefestigt werden (vgl. Zitiermöglichkeiten im Schülerband **Seite 51 ff.**).

---

5 Geeignete Methode, wenn ein Team sich zuerst spontan und ohne Wertung zu einem Thema äußert und die Ideen schriftlich festhält.
6 Ermöglicht das Knüpfen von Ideennetzen: Ein Wort kann als Anreiz bzw. Assoziation wirken; geeignet, wenn man allein über ein Problemfeld/Thema nachdenkt.
7 „Gedankenlandkarte", siehe Schülerband S. 14 f.

Auf der Grundlage einer Zeitschiene für Klassenstufe 11 und 12, die jede Schule individuell vorgeben sollte, kommt es besonders darauf an, dass die Schülerinnen und Schüler die ihnen zur Verfügung stehende Zeit für die hausarbeitsspezifischen Tätigkeiten in einer persönlichen und mit dem Team abgestimmten Wochen- bzw. Monatsplanung für folgende Arbeitsphasen einteilen:

- Literaturrecherche
- Literaturstudium
- Entwurf der Gliederung und Absprache mit dem Fachbetreuer
- Durchführung von Recherchen und Befragungen und deren Auswertung
- Schreiben der Facharbeit (Rohmanuskript)
- Überarbeiten des Rohmanuskripts
- Korrekturlesen, Druck, Binden und Abgabe der Facharbeit.

In der gesamten Arbeitsphase ist selbstständiges Lernen und problembezogenes Denken gefragt. Kommunikations- und Teamfähigkeit bilden wesentliche Voraussetzungen für das Gelingen der Facharbeit und der späteren Ergebnispräsentation in einem Kolloquium. Die Abgabe einer Facharbeit ist die Grundlage für die Teilnahme am Kolloquium.

Material 17

Software zum Wissenschaftlichen Arbeiten: Literaturverwaltung und Wissensorganisation mit Citavi

(Erarbeitung der Textvorlage durch: Koglin, Lydia, Volontärin an der Universitätsbibliothek der Bauhausuniversität Weimar, 2013)

Citavi ist eine Software für Windows, die das Ablegen und sichere Wiederauffinden von Literatur ermöglicht. Daneben bietet Citavi die Funktion „Wissensorganisation", die neben Schlagwörtern und Kategorien auch Zitate, Bilder und Ideen verwaltet. Diese lassen sich dann in Form einer Gliederung für eine schriftliche Arbeit zusammenstellen. Wie das Programm funktioniert und was die Vorteile einer professionellen Literaturverwaltung sind, soll hier einführend erklärt werden:

- **Das Sammeln von Zetteln mit Notizen oder mühsames und fehleranfälliges Abtippen von bibliographischen Daten ist nicht mehr nötig.**

Bei Citavi werden für jede Hausarbeit, jedes Thema, Fach oder Hobby (zum Beispiel zur Verwaltung der eigenen Romansammlung) Projekte angelegt. Innerhalb eines Projekts werden die Literatur und die dazugehörigen bibliografischen Daten verwaltet. Das umfasst alle relevanten Angaben zu Monografien, Zeitschriftenartikeln oder Internetseiten und je nach Typ werden unterschiedliche Informationen abgelegt, beispielsweise Verfasser, Titel, Erscheinungsjahr, Verfügbarkeit in der Bibliothek, Internetadresse und vieles mehr.

Abbildung I: Titeldaten zu einem elektronischen Aufsatz

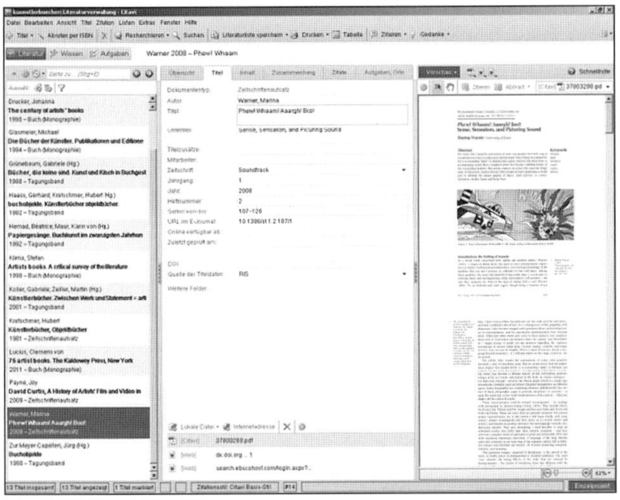

Die manuelle Eingabe der Titeldaten ist eine Möglichkeit ein Projekt zu „befüllen", die integrierte Recherche in Katalogen oder der Import von Daten über gängige Formate wie ISBN, DOI oder RIS sind jedoch wesentlich komfortabler: Über 4000 Kataloge und Fachdatenbanken stehen für eine gleichzeitige Suche über den Button „Recherche" zur Verfügung. Das Browser-Addon „Citavi Picker" erleichtert darüber hinaus die Übernahme von Daten aus dem Internet: der Picker erkennt in aufgerufenen Websites ISBN-Nummern und importiert die entsprechenden Titel auf Wunsch mit einem Klick in das Citavi-Projekt. Ebenfalls über den Picker können ganze Webseiten und Aufsätze im PDF-Format gespeichert und importiert werden. Der Bereich „Wissensorganisation" ist das besondere Feature von Citavi, das Sie bei der Auswertung der Informationsquellen unterstützt: Hier können Sie Schlagwörter zum Beschreiben inhaltlicher Aspekte Ihres Materials festlegen, sowie ein mehrstufiges Kategoriensystem erstellen, mithilfe dessen Sie die Literatur bestimmten Kapiteln Ihrer Gliederung zuweisen können. Für direkte und indirekte Zitate, Kommentare und Abbildungen aus einem Text stehen spezielle Eingabefelder zur Verfügung, in denen auch Gedanken, die beim Lesen entstehen, sofort festgehalten und mit dem entsprechenden Textabschnitt verknüpft werden können. Abstracts – also kurze und objektive Zusammenfassungen eines Textes – sowie persönliche Bewertungen (beispielsweise darüber, wie hilfreich eine Quelle war) helfen darüber hinaus auch bei vielen Texten den Überblick über die Literatur zu behalten.

- **Zitate, Ideen und Zusammenfassungen lassen sich nach einzelnen Themen sortieren und helfen so bei der Strukturierung der Arbeit.**

Um bei größeren Sammlungen oder Teamprojekten die Übersicht zu behalten, stellt Citavi einen integrierten Aufgabenplaner bereit. Dieser hilft bei der Organisation der typischen Arbeitsschritte – Bestellen, Bearbeiten, Besprechen, Rückgabe von Büchern –, erinnert an Termine, lässt „Meilensteine" setzen und Aufgaben verteilen.

Schließlich sorgt Citavi dafür, dass alle Quellen korrekt zitiert werden, und erstellt automatisch die entsprechenden Fußnoten oder In-Text-Zitationen und das Literaturverzeichnis. Dabei kann der Nutzer aus über 1800 Zitationsstilen wählen. Citavi arbeitet mit Microsoft Word und OpenOffice/LibreOffice zusammen und ermöglicht über den „Publikationsassistenten" das Einfügen von Literaturhinweisen und Zitaten mit nur einem Klick. Möglich ist auch der Export eines Skripts mit Zitaten und relevanten Titeln auf Basis der vorher angelegten Kategorien.

- **Mit einem Klick können Literaturlisten erstellt werden oder Zitate in ein Textdokument eingefügt werden – mitsamt dem Verweis auf die Quelle.**

Zu guter Letzt einige praktische Tipps für die Arbeit mit Citavi: Nutzen Sie die Materialien und das Forum, dass Ihnen online unter www.citavi.com zur Verfügung steht. Citavi hat eine automatische Backup-Funktion, sichern Sie dennoch Ihre die Daten in regelmäßigen Abständen auf einem externen Speichermedium.
Sie können Citavi Free kostenlos ausprobieren und lernen den vollen Funktionsumfang kennen, allerdings nur bis 100 Titel, dann muss ein Lizenzcode eingegeben werden. Eine Lizenz können Sie über www.citavi.com erwerben.

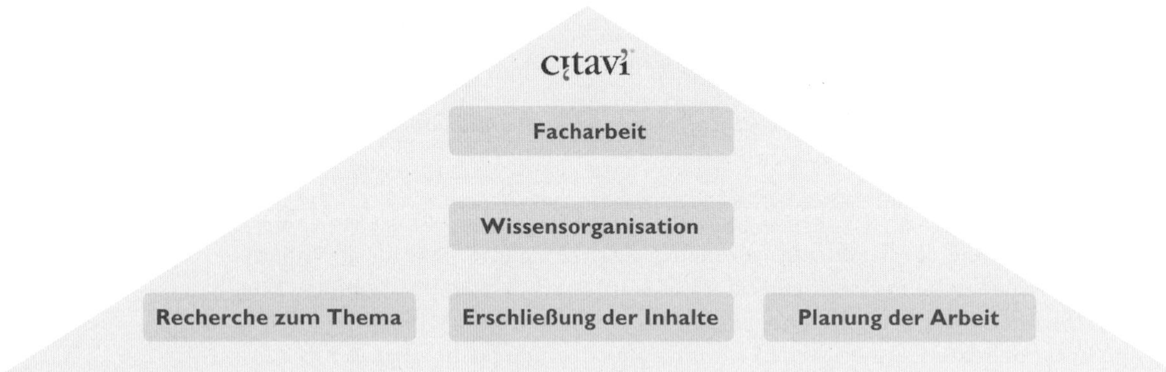

Was kann Citavi?

Literaturverwaltung
Erfassen und Erschließen von Literatur

Aufgabenverwaltung
Einfügen von Meilensteinen
Löschen von Aufgaben
Ausdrucken von Aufgabenlisten
Protokollieren des Arbeitsfortschritts

Wissensorganisation
Unterstützen des Schreibens
Unterstützen der geforderten Form des Zitierens
Erfassen von Publikationstypen
Erweitern und Definieren von Kategorien
Einfügen von Zitaten

Zusammenarbeit
Vergabe von Zugriffsrechten
Bereitstellen von Fachtexten (im Intranet)

2.9 Planung und Durchführung der Präsentation

Zur Konzeption

Kapitel 9 des Schülerbandes bietet für die Schülerinnen und Schüler die Möglichkeit, sich intensiv auf die Präsentation der Ergebnisse der Facharbeit im Kolloquium vorzubereiten.

Fachliche und methodische Hinweise

Die Behandlung der Kapitelinhalte kann in zwei Doppelstunden oder als Übungen in mehreren Seminaren bzw. Methodenkursen erfolgen. Außerdem ist es empfehlenswert, in Einzelkonsultationen mit den Schülerinnen und Schülern die Planung und Durchführung des Kolloquiums zu besprechen.

Der Struktur des Kapitels liegen folgende didaktische Überlegungen zugrunde:

a) Die Schüler erkennen mithilfe eines Fallbeispiels, welche Dinge bei der Vorbereitung und Durchführung der Präsentation im Kolloquium zu beachten sind.
b) Die Schüler ziehen Schlussfolgerungen für die Planung und Durchführung ihres eigenen Kolloquiums.
c) Das Schülerteam erarbeitet gemeinsam ein Thesenpapier, das wesentliche Schwerpunkte des Kolloquiums widerspiegelt und Diskussionsgrundlage sein wird.
d) Das Schülerteam bereitet die Präsentation der Facharbeit vor, indem es inhaltliche und organisatorische Absprachen trifft. (Hinweise zur Erstellung einer PowerPoint-Präsentation in **Material 18**)
e) Rhetorische Komponenten werden erneut aufgegriffen und in Vorbereitung auf das Kolloquium trainiert.
f) Der Einsatz von Medien soll überlegt und sinnvoll vorbereitet und über die Art der Visualisierung reflektiert werden.

Die Zeit für das Kolloquium beträgt in Thüringen (§ 78 ThürSO) 30 bis 60 Minuten. In dieser Zeit sind sowohl die Präsentation als auch die Verteidigung zu realisieren. Weitere Hinweise zur Präsentation finden Sie im Schülerband **Seite 92–100**.

Lösungen zu den Arbeitsaufträgen im Schülerband

Fallbeispiel

Seite 92

Das Beispiel soll den Schülerteams vor Augen führen, was ohne eine korrekte Planung der Präsentation alles schiefgehen kann. Folgende Problemfelder sollen herausgestellt werden:

- Pünktlichkeit und Zuverlässigkeit
- rechtzeitige Raumausgestaltung, Vorbereitung der Plätze für die Kolloquiumskommission
- Besorgung von Materialien zur Befestigung von Ausstellungsstücken
- Einhalten von Absprachen
- Abbau von Nervosität
- ausreichende Anzahl von Thesenpapieren für das Publikum bereit halten
- Einstieg in das Kolloquium planen und üben (der erste Eindruck ist entscheidend!)
- bequeme und zum Thema und Rahmen der Veranstaltung passende Kleidung auswählen
- Abstimmung über die Bedienung der Technik und gegenseitige Hilfe
- vorherige Kontrolle der technischen Geräte und vertraut machen mit der Funktionalität
- rhetorische Qualität der Vorträge
- vorherige Abstimmung der Teammitglieder über den inhaltlichen Ablauf
- Abschluss der Präsentation (der letzte Eindruck bleibt!)

Material 18 – Einführung in PowerPoint

Quelle: Schmidt-Ulrich, Cornelia, Fachberaterin für Medienkunde am Schulamt Mittelthüringen, Lehrerin am Lyonel-Feininger-Gymnasium Mellingen, 2013

I. Einführung in PowerPoint

PowerPoint ist ein Präsentationsprogramm. Man kann mit ihm Folien, Webseiten und Dias erstellen oder Präsentationen direkt am Computer entwerfen und wiedergeben.

Starten des Präsentationsprogramms **PowerPoint**
- Rufen Sie das Programm **PowerPoint** auf!
- Wählen Sie im neuen Menü **PowerPoint** an!

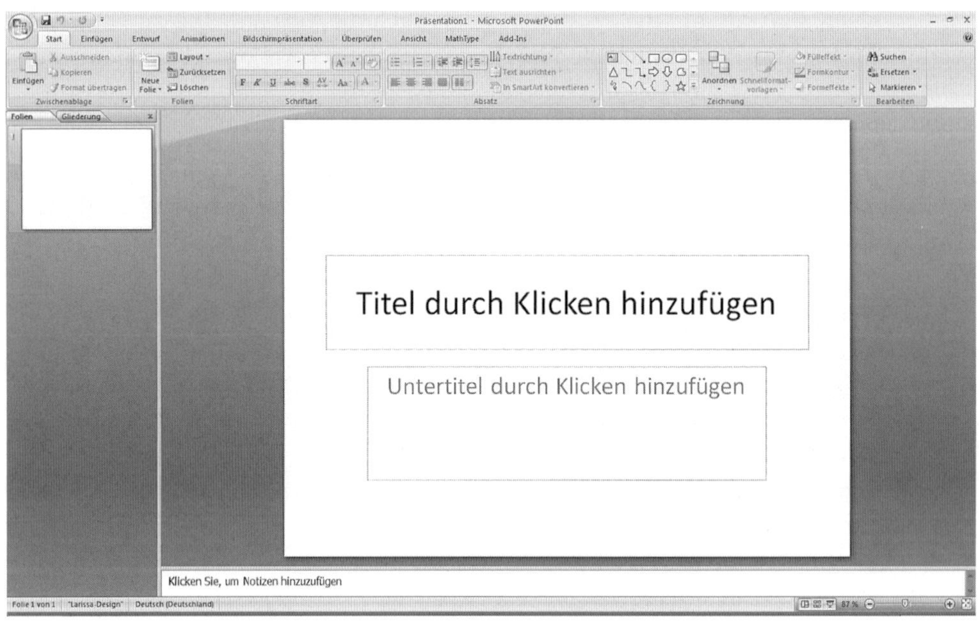

PowerPoint 2007 öffnet sofort ein neues leeres Dokument.

II. Das PowerPoint – Anwendungsfenster

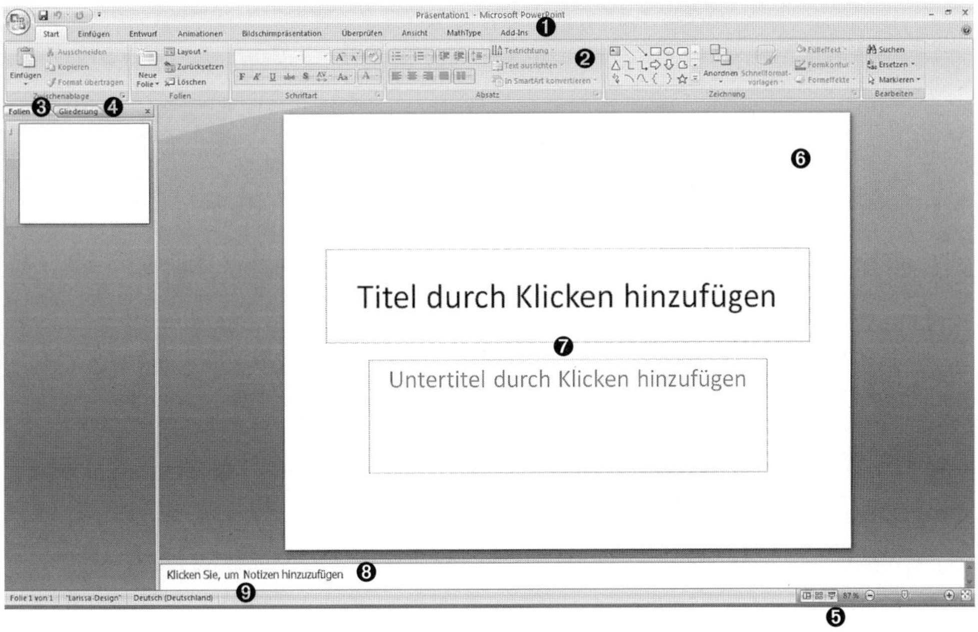

1 Menüleiste
2 Symbolleiste
3 Folienansicht
4 Gliederungsansicht
5 Anzeigemodus (4 Button)
6 Folie
7 Platzhalter (Textfelder)
8 Notizen
9 Statusleiste

III. Eine Präsentation erstellen

1. Mit Entwurfsvorlagen

Für diese Variante müssen Sie nach dem Öffnen des Programms das Dialogfeld *Entwurf* öffnen. Es erscheint folgender Bildschirm:

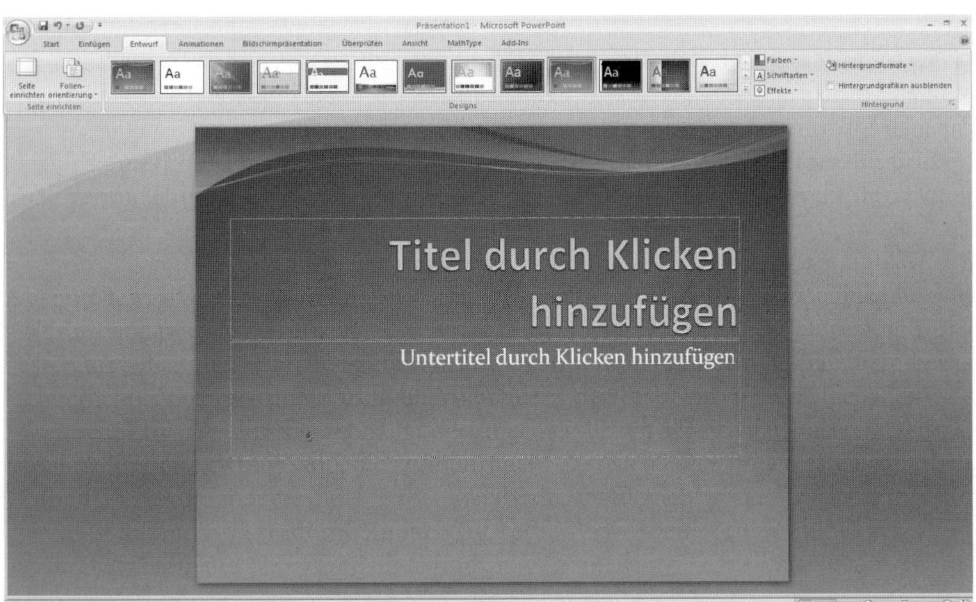

Auf diesem Bildschirm suchen Sie sich einen geeigneten Hintergrund aus, der zu Ihrem Thema passt. Um weitere Folien einzufügen, gehen Sie über das Menü *Start* und den Menüpunkt *Neue Folie.*

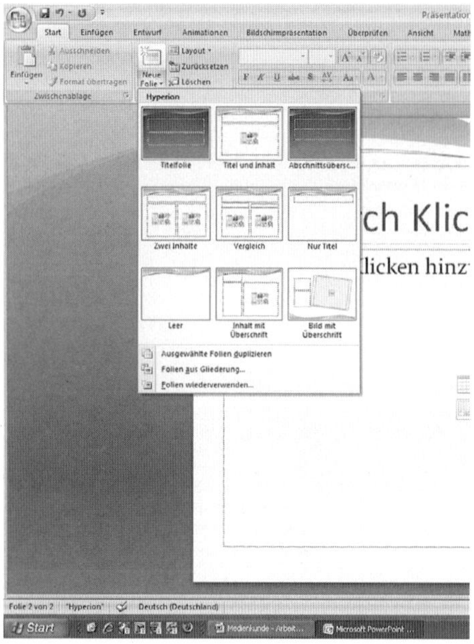

Hier stehen Ihnen weitere Folienvorlagen zur Bearbeitung zur Verfügung.

2. Eine neue Präsentation selbst erstellen

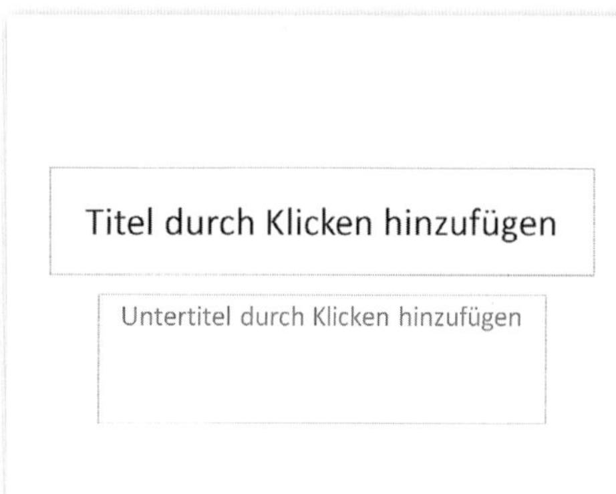

Nach dem Start von **PowerPoint** können Sie die 1. Folie als Titelfolie gestalten und dann weitere Folien hinzufügen (Menü *Start* und den Menüpunkt *Neue Folie*), so dass ein eigenes Layout entsteht.

Bevor Sie nun an die Gestaltung Ihres PowerPoint-Vortrages gehen, speichern Sie es erst unter einem geeigneten Namen ab.

Vorgehen:
1. Klicken Sie auf die Windows-Schaltfläche
2. Wählen Sie im Dialogfeld *Speichern unter* das geeignete Dokument aus
3. Wählen Sie jetzt den Zielordner aus
4. Geben Sie den Dateinamen im Feld *Dateiname* ein
5. Klicken Sie auf die *Speicher* – Schaltfläche

IV. Präsentationsinhalte erstellen

1. Textinhalte eingeben, korrigieren und formatieren

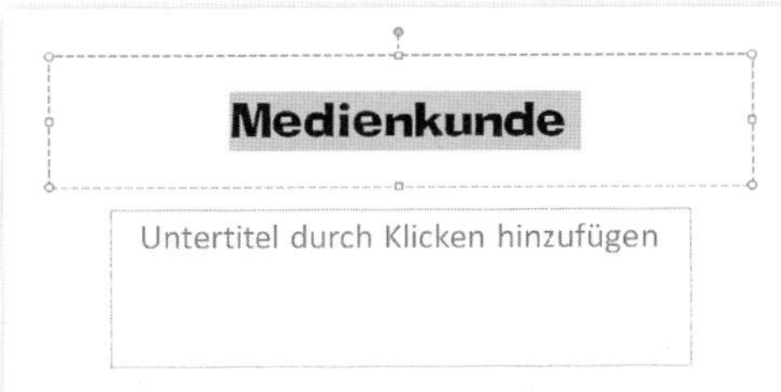

In die vorgegebenen Platzhalter wird der eigene Text eingegeben.

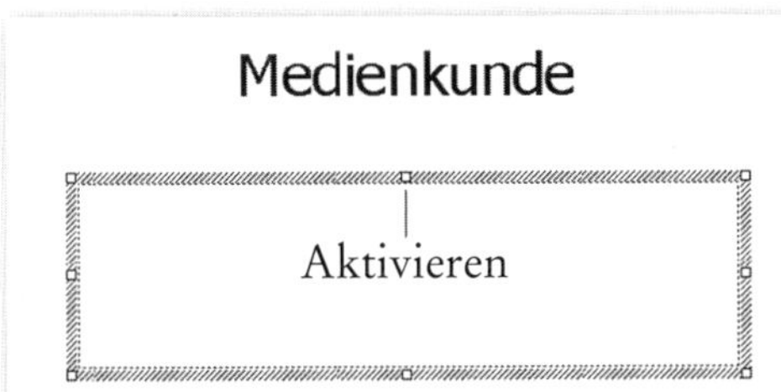

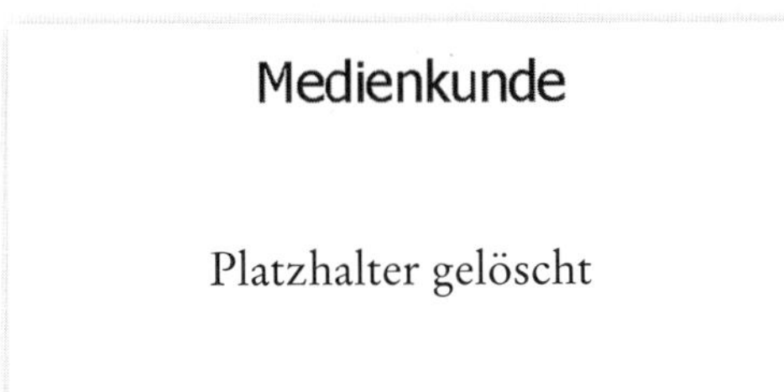

Nach der Eingabe erfolgt die Formatierung über dieselben Schaltflächen wie in **Word**, z. B. über das Menü *Format*. Auch die Korrektur der Fehler erfolgt wie in **Word** über die *Entf*-Taste oder *Backspace*-Taste; natürlich enthält auch **PowerPoint** eine Rechtschreibkorrektur.

Sollte ein Platzhalter nicht benötigt werden, so wird er durch Anklicken aktiviert und mit der *Entf*-Taste gelöscht.

2. Folien hinzufügen oder entfernen

Nach dem Fertigstellen der ersten bzw. aller weiteren Folien klicken Sie auf das Menü *Neue Folie* (siehe Bild).

Sie erhalten danach ein Auswahlmenü und können nun wieder einen Folientyp für Ihre nächste Folie wählen.

Zum Entfernen klicken Sie einfach die entsprechende Folie an und dann den Menüpunkt *Löschen*.

3. Folien umgruppieren

Soll die Reihenfolge der Folien geändert werden, so wird die gewünschte Folie markiert und dann per Maus an die entsprechende Stelle gezogen. Im Beispiel wird die Folie 1 jetzt zwischen die Folie 2 und 3 gesetzt.

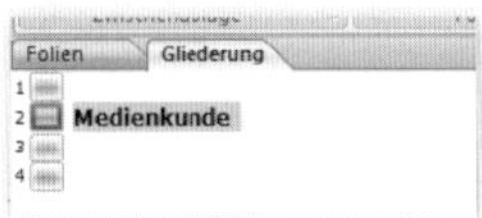

Nach Beendigung erfolgt automatisch eine neue Nummerierung.

4. Folienfarbe ändern

Zur Änderung des Farbhintergrundes der Folien muss die entsprechende Folie vorher markiert werden. Danach klicken Sie mit der rechten Maustaste auf die Folie. Es erscheint das folgende Menü, wählen Sie jetzt den Punkt *Hintergrund formatieren* an.

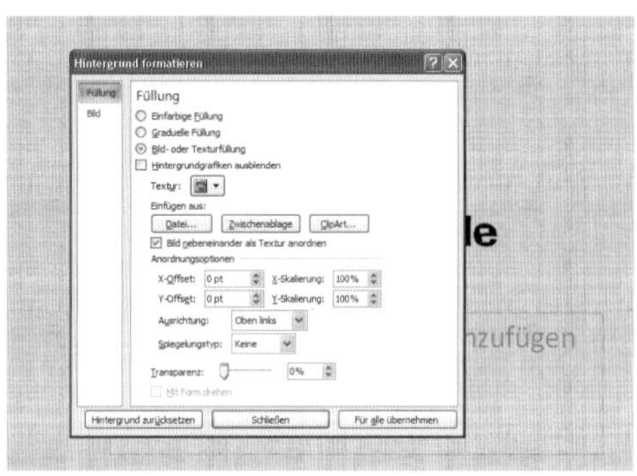

Im Untermenü können Sie den gewünschten Hintergrund auswählen.

Bei unserem Beispiel sieht die Folie nun so aus.

5. Bilder einfügen
Wie in **Word** können Sie auch in **PowerPoint** Bilder aus ClipArt, dem Internet oder eigene Zeichnungen bzw. Grafiken einfügen (Vorgehen siehe Bild).

So können Sie Ihr eigenes Titelblatt gestalten.

6. Animation nutzen
Um die Präsentation Ihres Vortrages noch eindrucksvoller zu gestalten, können Sie die Animation nutzen. So erscheinen hiermit nun Textteile durch Mausklick, diese können mit Musik oder Geräuschen unterlegt werden.

Um einzelne Textstellen/Stichpunkte einzelnen zu animieren, müssen Sie diese vorher markieren. Dann können Sie über das Menü *Bildschirmpräsentation* und den Menüpunkt *Benutzerdefinierte Animation* Ihren Vortrag selbst gestalten.

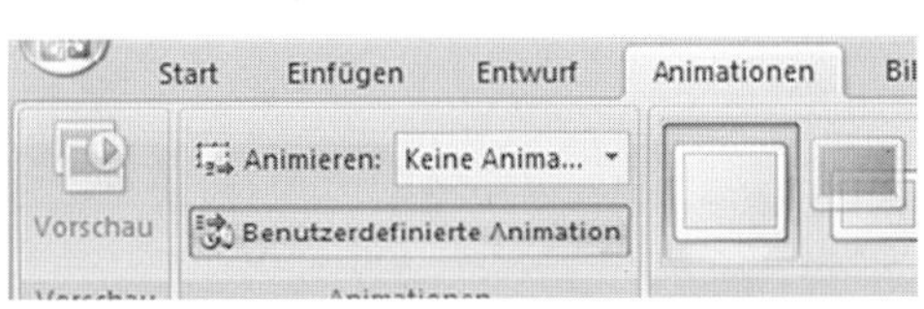

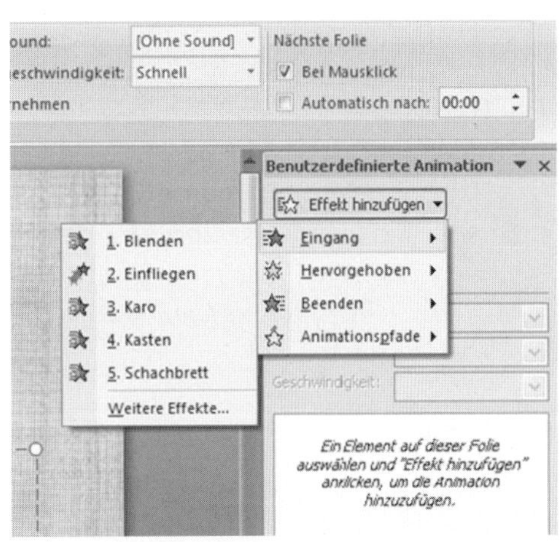

7. Hinweise

Bei weiteren Fragen nutzen Sie die eingebaute Hilfefunktion von **PowerPoint**.

PowerPoint bietet eine Reihe von Formatoptionen an. Bei der manuellen Formatierung besteht jedoch die Gefahr, dass das Ergebnis schlechter lesbar ist.

Eine unglückliche Farbgestaltung reduziert den Kontrast der Anzeige und damit ebenfalls die Lesbarkeit. Ebenso gilt dies bei der Formatierung in Kursiv- und Fettschreibweise bzw. bei Unterstreichungen. Benutzen Sie bei längeren Textstellen die gleiche Schriftart und -größe (eine Mixtur lässt sich beim Vortrag von den Lesern schlecht erkennen).

DESHALB: Benutzen Sie nicht zu viele Effekte, weniger ist oft mehr!

V. Wiedergabe der Präsentation

1. Präsentation erneut laden

Haben Sie die Präsentation gespeichert und **PowerPoint** beendet, dann können Sie beim nächsten Start Ihren Vortrag über das Dialogfeld *PowerPoint* laden.

Klicken Sie auf *Öffnen* a), es erscheint der Bildschirm b) und Sie können Ihre Präsentation im entsprechendem Ordner suchen.

a)

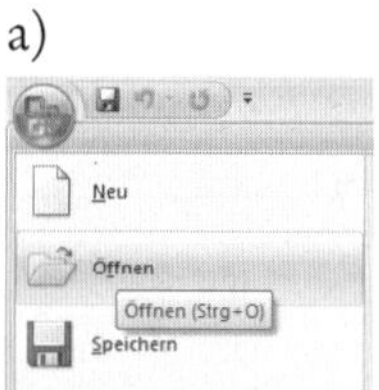

b)

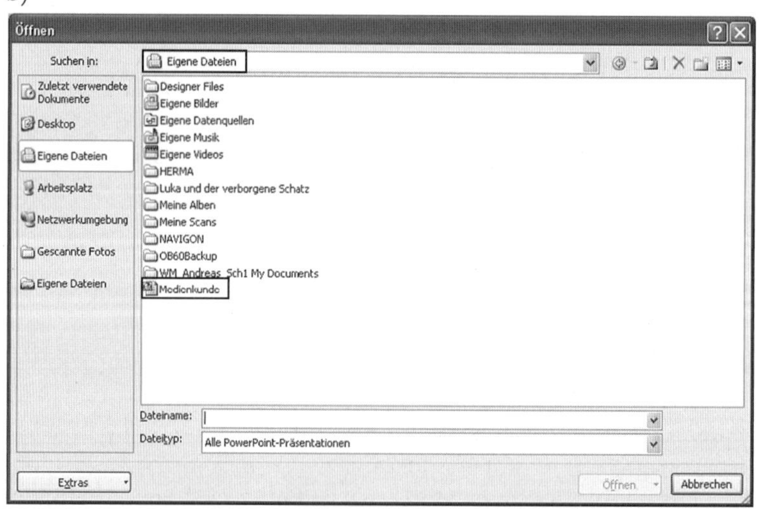

2. Bildschirmpräsentation abrufen

Nachdem Sie Ihre Präsentation auf den Rechner geladen haben, müssen Sie über das Menü *Bildschirmpräsentation* und den Menüpunkt *Bildschirmpräsentation starten* den Vortrag starten.

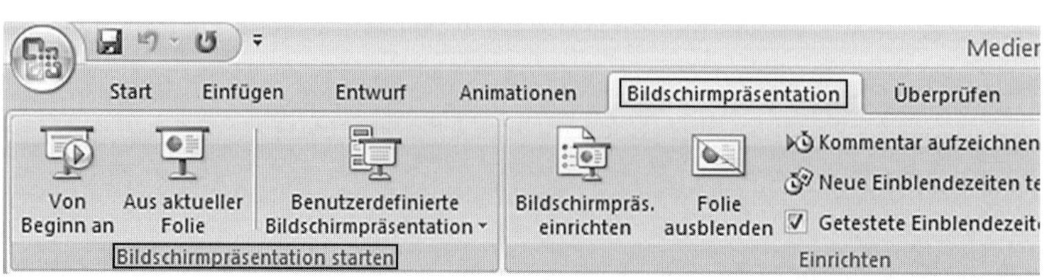

3 Bewertungsvorschläge für Prozess, Produkt und Präsentation

Bewertung des Prozesses

Den Prozess zur Erstellung der Arbeit zu bewerten, erweist sich in der Praxis als nicht ganz einfach, da die Schüler große Strecken selbstständig in ihrem Team an der Facharbeit arbeiten. Daher ist es günstig, verschiedene Bewertungseckpunkte zu schaffen, mit denen es dem Lehrer leichter fällt, die Schülerleistungen zu bewerten.

Kurs	Thema des Formblatts (FB)	Bewertungs-formblatt
11-12	Bewertung des Prozesses im Seminarfach	FB 1
11/1	Bewertung der Präsentation im Rahmen der Themenverteidigung	FB 2
11/1	Bewertung der Materialmappe	FB 3
11/1	Bewertung des Protokolls zur Teilnahme am Kolloquium Klasse 12	FB 4
11/2	Bewertung der Probekapitel	FB 5
11/2	Pflichtkonsultationen	FB 6
12/1	Auswertung der Grobkonzeption	FB 7
12/1	Verhalten in der Gruppe Teamfähigkeit (im Rahmen der sozialen Kompetenz)	FB 8

Bewertung der Facharbeit

Für die Bewertung der Facharbeit haben sich die Kriterien und Bewertungspunkte des Formblattes **FB 9** als gut handhabbar erwiesen. Sicher hat jede Schule die Möglichkeit, ihre eigenen Bewertungskriterien zu entwickeln. Das Formblatt stellt lediglich einen in der Praxis erprobten Vorschlag dar. Eine weitere Möglichkeit der Bewertung durch den Außenfachbetreuer (kein Lehrer der Schule) bietet Formblatt **FB 10**, wobei der Außenfachbetreuer hierbei keine Punkte zu verteilen hat, sondern ein verbales Urteil abgibt.

Kurs	Thema des Formblatts (FB)	Bewertungs-formblatt
12/1	Bewertungsvorschlag Facharbeit	FB 9
12/1	Bewertung durch den Außenfachbetreuer	FB 10

Bewertung des Kolloquiums

Zur Bewertung des Kolloquiums ist es in jedem Falle günstig, eine übersichtliche Bewertungsstruktur zur Verfügung zu haben, die für die Mitglieder der Kolloquiums- bzw. Prüfungskommission leicht überschaubar ist. Man sollte sich eines vereinfachten Bewertungsmaßstabes bedienen, der es nicht erforderlich macht, zeitaufwändig Bewertungspunkte zusammenzuzählen.

Kurs	Thema des Formblatts (FB)	Bewertungsformblatt
12/I	Kriterien zur Bewertung der Kolloquiumsleistung	FB 11
12/I	Protokollformular für das Kolloquium	FB 12
12/I	Teilnehmerliste Klasse 10 und 11 für Kolloquien (Aushang)	FB 13

Weitere Formblätter

Kurs	Thema des Formblatts (FB)	Bewertungsformblatt
12/I	Gesamtbewertungsraster Prozess, Facharbeit, Präsentation	FB 14
12/I	Reflexion des Arbeitsprozesses durch das Team	FB 15

Formblatt I

Bewertung des Prozesses im Seminarfach

Schüler: ______________________ Team: ______________________ Schuljahr: ______________

Sachkompetenz (25 % der Prozessbewertung)		**Methodenkompetenz** (25 % der Prozessbewertung)		**Selbstkompetenz** (25 % der Prozessbewertung)		**Sozialkompetenz** (25 % der Prozessbewertung)	
Bewertungsschwerpunkte:		Bewertungsschwerpunkte:		Bewertungsschwerpunkte:		Bewertungsschwerpunkte:	
Materialmappe erweiterte Materialmappe		Umgang mit Literatur und Quellen		Pünktlichkeit – Abgabe der Materialien		Zusammenarbeit im Team	
Themenverteidigung		Gliederung (Aufbau/ Weiterentwicklung)		Einstellung zur Arbeit Einbringung in den Prozess		Zusammenarbeit mit dem Fachbetreuer Führen des Berichtsheftes	
Nachweis von Fach- und fächerübergreifendem Wissen, sachgemäßes Urteilen und Schlussfolgern		Recherche Protokolle/Exzerpte		Anwesenheit		Dialog- und Konsensfähigkeit	
Erarbeitung und Überarbeitung der Probekapitel		Entwicklung von Teilschritten, effektive Planung		Erkennen von Stärken und Schwächen – Reflexion der Arbeit		Einsatzbereitschaft	
gesamt/4		gesamt/4		gesamt/4		gesamt/4	

Bemerkungen:

Formblatt 2

Bewertung der Präsentation im Rahmen der Themenverteidigung

Schüler:

1.	2.
3.	4.

		BE	Schüler 1	Schüler 2	Schüler 3	Schüler 4
1	Einstieg in das Thema (Interesse wecken, Zuhörer für eigene Ideen aufschließen)	2				
2	Schlüssigkeit der Einzelbeiträge	3				
3	Logischer Aufbau, sich aufeinander beziehende, konzeptionelle Ideen	3				
4	Aufzeigen von aufgabenfeldübergreifenden Aspekten des Vorhabens	1				
5	Problemhafte Darstellung, Skizzierung des Arbeitsprozesses (Was wollen wir wie erreichen?)	2				
6	Rhetorische Fähigkeiten/freie Rede	2				
7	Einhaltung der Gliederung	1				
8	Einsatz visueller Mittel und deren Umsetzung/Nutzen	3				
9	Gesamtpräsentation	3				
	Gesamtbewertung der Schülerleistung	20 BE				

BE*	NP**	BE	NP	BE	NP
20	15	13	8	6	1
19	14	12	7	5	0
18	13	11	6	4	0
17	12	10	5	3	0
16	11	9	4	2	0
15	10	8	3	1	0
14	9	7	2	0	0

Notizen:

* Bewertungseinheiten
** Notenpunkte

Formblatt 3

Bewertung der Materialmappe

	Inhalte	zu erreichende BE
1	Arbeitstitelblatt nach Vorlage Schülerband Seite 83	2 BE
2	Gliederung formal/logisch	formal/logisch: 3 BE RS/Gr: 1 BE
3	Quellenprotokolle Anzahl 3, Vollständigkeit und Qualität	6 BE
4	Literaturliste laut Vorlage Schülerband Seite 40 f. alphabetisch, Einhaltung der Formalien	8 BE

BE	NP
20	15
19	14
18	13
17	12
16	11
15	10
14	9
13	8
12	7
11	6
10	5
9	4
8	3
7	2
6	1
5	0

Formblatt 4

Bewertung des Protokolls zur Teilnahme am Kolloquium Klasse 12

Nr.	Bewertungsschwerpunkte	zu erreichende BE	erreichte BE
1	Datum, Uhrzeit Thema Mitglieder der Kolloquiumskommission Schülerinnen und Schüler, die das Kolloquium halten	3	
2	Skizze des inhaltlichen Verlaufs des Kolloquiums inkl. inhaltlicher Schwerpunkte	7	
3	Bewertung von Methodeneinsatz und Präsentationstechnik	3	
4	Eigene Schlussfolgerungen für die Vorbereitung und Durchführung eines Kolloquiums	2	

BE	NP
15	15
14	14
13,5	13
13	12
12	11
11	10
10	9
9	8
8,5	7
8	6
7,5	5
7	4
6,5	3
6	2
5	1
3–0	0

Formblatt 5

Bewertung der Probekapitel

Team: ______________________________

	Inhalte	BE	Schüler 1	Schüler 2	Schüler 3	Schüler 4
1	**Erarbeitung eines Gliederungsschwerpunktes** Wird die Problematik sichtbar? Inhaltliche Bearbeitung Einhaltung des Themas	 2 1 1				
2	Werden bereits Bezüge zu den anderen Kapiteln deutlich? Werden Argumentationszusammenhänge erarbeitet? Eigene Gedanken?	2				
	gesamt:	**6**				
3	Umfang (2–3 Seiten)	1				
4	**Einhaltung der Layoutvorgaben** Seiteneinrichtung, Ränder, einheitliche Schrift	 4				
	gesamt:	**5**				
5	**Umgang mit Zitaten und Verweisen** Wurde korrekt zitiert? Sind Zitate im Text deutlich gemacht? Wurden Zitate ausreichend verwendet? Beachtung der Verfahrensweise (unterer Teil der Seite oder im Anhang)	 1 1 1 1				
6	**Erweiterte Literaturliste**	1				
	gesamt:	**5**				
7	**Lesbarkeit und Verständlichkeit des Textes** Sprachgebrauch, Nutzung von Fachtermini Rechtschreibung, Grammatik, Ausdruck	 4				
	gesamt:	**4**				
	Erreichte Gesamtpunktzahl					
	Notenpunkte					

BE	NP	BE	NP
20	15	12	7
19	14	11	6
18	13	10	5
17	12	9	4
16	11	8	3
15	10	*7*	*2*
14	9	*6*	*1*
13	8	*5*	*0*

Formblatt 6

Pflichtkonsultationen

Seminargruppe: ______________________

Datum	Uhrzeit	Team	Mitglieder	Bemerkungen zu Inhalten der Konsultation	mitzubringen sind:

Formblatt 7

Auswertung der Grobkonzeption

Thema der Facharbeit: ______________________________

Beteiligte Schüler/innen: ______________________________

Formale Kriterien		Anmerkungen
1	Äußere Form	
1.1	Einhaltung der Layoutvorgaben – Deckblatt – Gliederung – Absätze bei Überschriften – Schriftbild	
1.2	Gliederung (formal)	
1.3	Rechtschreibung, Ausdruck und Grammatik	
2	Umgang mit Literatur	
2.1	Angaben von Zitaten und Verweisen im Text	
2.2	Verzeichnis der Zitate und Verweise	
2.3 2.3.1 2.3.2	Literaturverzeichnis Gliederung Einhaltung formaler Vorgaben	
3 3.1 3.2	Einhaltung der Abfolge der Materialien in der Arbeit Anlagen Umgang mit Abbildungen	

Formblatt 8

Verhalten in der Gruppe

TEAMFÄHIGKEIT

	Gruppenmitglied 1						Gruppenmitglied 2						Gruppenmitglied 3						Gruppenmitglied 4					
Name																								
Bewertung	1	2	3	4	5	6	1	2	3	4	5	6	1	2	3	4	5	6	1	2	3	4	5	6
Kriterium																								
hilft anderen geduldig und geschickt																								
bringt gute Ideen und Vorschläge ein																								
achtet darauf, dass zügig gearbeitet wird																								
sorgt dafür, dass alle Gruppenmitglieder mitarbeiten																								
kann gut zuhören und auf andere eingehen																								
ist sachkundig und kann gut argumentieren																								
arbeitet in der Gruppe aktiv und interessiert mit																								
versteht es, bei Konflikten geschickt zu vermitteln																								
spricht Missstände in der Gruppe offen an																								
toleriert andere Meinungen und Vorschläge																								

Klippert, Heinz: Pädagogische Schulentwicklung, Weinheim und Basel 2000, S. 169

Formblatt 9

Bewertung der Facharbeit (durch den Fachlehrer und Fachbetreuer der Schule)

Thema: ______________________________

Seminarfachlehrer: ____________________ Fachbetreuer: ____________________

Beteiligte Schüler: ______________________________

Äußere Form	**Pkt.**	**Schüler 1**	**Schüler 2**	**Schüler 3**	**Schüler 4**
Deckblatt/Titelblatt (Vollständigkeit/Form)	0,5				
Inhaltsverzeichnis mit korrekter Seitenangabe	1				
Struktur der Gliederung/Form	1				
Seiteneinrichtung, Ränder, einheitliche Schrift	1,5				
Literatur- und Quellenverzeichnis	2				
Anhang, Anlagen, Abbildungen mit Verzeichnis	1,5				
Versicherung	0,5				
Rechtschreibung/Grammatik/Ausdruck	2				
Pünktliche Abgabe der Arbeit (Abzug bis 3 Pkt. möglich)					
zu erreichende Punkte/erreichte Punkte	**10**				
Inhalt	**Pkt.**				
Logische, in der Gruppe abgestimmte Strukturierung des Themas und der Gliederung	3				
Einhaltung des Themas/Themenbereiches	3				
Fächer- und aufgabenfeldübergreifende Aspekte	4				
Anwendung wissenschaftlicher Arbeitstechniken (Befragung, Experiment, Recherche, Bibliothek, Internet u. a.)	3				
Begründung von Schlussfolgerungen, Argumentationszusammenhänge – logische Verknüpfungen	4				
Neuheit der Inhalte und ausführliche, eigenständige Auseinandersetzung erkennbar, eigene Gedanken, Lösungen bzw. Erkenntnisse werden ausgewiesen	5				
Fachliches Niveau und Korrektheit der Arbeit und Zweckmäßigkeit der unterstützenden Materialien (Qualität der Anlagen)	5				
Lesbarkeit und Verständlichkeit des Textes	3				
zu erreichende Punkte/erreichte Punkte	**30**				
erreichte Gesamtpunktzahl (BE)	**40**				
Notenpunkte/Note					

NP	**BE**	**NP**	**BE**	**NP**	**BE**	**NP**	**BE**
15	40	11	34	7	24	3	16
14	38	10	32	6	22	2	14
13	37	9	30	5	20	1	12
12	35	8	27	4	18	0	11

Formblatt 10

Bewertung der Facharbeit durch den Außenfachbetreuer

Folgende Punkte sollten bei der Beurteilung der Arbeit berücksichtigt werden:

1	Logische, in der Gruppe abgestimmte Strukturierung des Themas und der Gliederung
2	Einhaltung des Themas/Themenbereiches
3	Fächer- und aufgabenfeldübergreifende Aspekte
4	Anwendung wissenschaftlicher Arbeitstechniken (Befragung, Experiment, Recherche, Bibliothek, Internet u.a.)
5	Begründung von Schlussfolgerungen Argumentationszusammenhänge – logische Verknüpfungen
6	Neuheit der Inhalte und ausführliche, eigenständige Auseinandersetzung erkennbar, eigene Gedanken, Lösungen bzw. Erkenntnisse werden ausgewiesen
7	Fachliches Niveau und Korrektheit der Arbeit und Zweckmäßigkeit der unterstützenden Materialien (Qualität der Anlagen)
8	Lesbarkeit und Verständlichkeit des Textes
9	Literatur- und Quellenverzeichnis
10	Rechtschreibung/Grammatik/Ausdruck

Hinweis: Bitte beachten Sie, dass das Worturteil differenziert ausfallen sollte und für jeden beteiligten Schüler separat zu erstellen ist.

Worturteil:

Bitte Rückseite nutzen!

Formblatt 11

Kriterien zur Bewertung der Kolloquiumsleistung

Schüler:

1:	2:
3:	4:

NP	S1	S2	S3	S4	Nachweis von Fachwissen
15					
14					sehr fundierte Kenntnisse, zum Teil über das Anforderungsniveau hinaus, differenzierte und detaillierte Kenntnisse können nachgewiesen werden
13					
12					
11					fundierte Kenntnisse, sicher und umfangreich, kaum Ungenauigkeiten
10					
9					
8					in allen Teilen recht sichere Kenntnisse, kleinere Ungenauigkeiten
7					
6					
5					einige Grundkenntnisse, gewisse Oberflächlichkeit, Lücken
4					
3					
2					wenige Grundkenntnisse, oberflächliches Herangehen, Fehler in der inhaltlichen Darstellung
1					
0					keine Grundkenntnisse vorhanden

NP	S1	S2	S3	S4	Eigenständige Lösungsansätze und Beispiele
15					
14					selbstständiges Weiterdenken, souveräne Problemsicht, begründete Einschätzungen, sehr differenzierte Lösungen, eigene Wertungen und Schwerpunktfindung
13					
12					
11					selbstständige Lösungen werden angeboten, differenzierte Kriterien in die Darstellung einbezogen, Schwerpunktfindung erfolgt größtenteils selbstständig
10					
9					
8					brauchbare Lösungen werden angeboten, einige Kriterien werden erfasst, Ansätze zu selbstständiger Kritik sind vorhanden
7					
6					
5					das Bemühen um Lösungen wird sichtbar, allerdings reicht dies nicht für eine durchgängig befriedigende Darbietung aus, um Wertungen bemüht
4					
3					
2					Urteilsvermögen wird kaum deutlich, kaum selbstständige Schwerpunktfindung, wichtige Kriterien können nur mit Hilfe erfasst werden
1					
0					keine Lösungsansätze vorhanden, völlig undifferenzierte Darlegungen

Fortsetzung Formblatt 11

NP	S1	S2	S3	S4	Methodische Umsetzung der Präsentation
15					herausragende methodische Umsetzung der Thematik, sehr gute Transferleistungen, große Vielfalt im Rahmen der Darbietung, sehr gute Abstimmung des Teams
14					
13					
12					angemessene methodische Umsetzung, gute Übersicht, gute Transferleistungen, Bezüge werden folgerichtig gesetzt, gute Teamleistung
11					
10					
9					überwiegend eigenständige Umsetzung, angemessene Transferleistung, Reserven in der Umsetzung durch das gesamte Team
8					
7					
6					richtige methodische Ansätze, nur geringe Präsentationsmedien und kaum befriedigende Anwendung, Abstimmung im Team wird nur ansatzweise deutlich
5					
4					
3					kaum Einsatz von Präsentationsmedien, kaum Abstimmung im Team
2					
1					
0					keine Präsentationsmedien, Verständigungsprobleme
NP	**S1**	**S2**	**S3**	**S4**	**Kommunikationsleistung (Sprache, Mimik, Gestik, Stil)**
15					freier und flüssiger Vortrag, treffender Gebrauch von Fachtermini, ausgezeichneter Ausdruck, geeignete Körpersprache, angemessene Lautstärke, besondere Dialogfähigkeit, treffende Mimik
14					
13					
12					guter Vortrag, angemessene Fachtermini, gute Gesprächsfähigkeit mit kleinen Hilfen
11					
10					
9					relativ flüssige Vortragsweise, kleinere Mängel in Sprache und Ausdruck
8					
7					
6					zögerlicher und stockender Vortrag, umgangssprachlich, begrifflich unscharf, große Hilfen in der Diskussion
5					
4					
3					Vortrag mit sehr großen Hilfen, falscher/ungenauer Sprachgebrauch, schlechter Ausdruck, ungeschickte Mimik und Gestik
2					
1					
0					unbeholfener, stockender Vortrag, große Ausdrucksschwächen

Formblatt 12

Protokoll

zum Kolloquium Nr.: ____________________

am: ____________________ Kolloquiumszeit: __________ Uhr bis __________ Uhr

Mitglieder der Kolloquiumskommission	**Schülerinnen und Schüler, die das Kolloquium halten:**
SFL:	1.
Fachbetreuer:	2.
Protokollant:	3.
Beisitzer:	4.

Thema:

____

____

____

Bewertung des Kolloquiums (Worturteil):

____

____

____

____

____

____

____

____

____

____

____

____

Bewertung

Note:	1.	2.	3.	4.
Punkte:	1.	2.	3.	4.

Unterschriften der Kolloquiumskommission

Seminarfachlehrer	Fachbetreuer	Beisitzer	Protokollant

Formblatt 13

Teilnehmerliste Klasse 10 und 11 für Kolloquien

Fachlehrer: ____________________ Datum: ____________

Nr.	Kolloquium	Raum:
	Kurzthema:	**Datum/Uhrzeit:**
	beteiligte Schüler	
	1.	
	2.	
	3.	
	4.	
	5.	
	Teilnehmer	
	Name	Vorname
1.		
2.		
3.		
4.		
5.		
6.		
7.		
8.		
9.		
10.		
11.		
12.		
13.		
14.		
15.		

Nr.	Kolloquium	Raum:
	Kurzthema:	**Datum/Uhrzeit:**
	beteiligte Schüler	
	1.	
	2.	
	3.	
	4.	
	5.	
	Teilnehmer	
	Name	Vorname
1.		
2.		
3.		
4.		
5.		
6.		
7.		
8.		
9.		
10.		
11.		
12.		
13.		
14.		
15.		

Nr.	Kolloquium	Raum:
	Kurzthema:	**Datum/Uhrzeit:**
	beteiligte Schüler	
	1.	
	2.	
	3.	
	4.	
	5.	
	Teilnehmer	
	Name	Vorname
1.		
2.		
3.		
4.		
5.		
6.		
7.		
8.		
9.		
10.		
11.		
12.		
13.		
14.		
15.		

Formblatt 14

Gesamtbewertung Klasse 12

Seminarfachlehrer: ____________________ Schuljahr 20____/20____

Team	Name	Vorname	Prozess NP	Prozess × 0,2	Facharbeit NP	Facharbeit × 0,3	Kolloquium NP	Kolloquium × 0,5	Summe aus Spalte 2	Gesamt NP	Gesamt Note
1											
2											
3											
4											
5											

Formblatt 15

Reflexion des Arbeitsprozesses im Team

Name: ______________________________

Schätzen Sie folgende Schwerpunkte ein, die den Prozess der Erarbeitung Ihrer Seminarfacharbeit prägten:

Bitte kreuzen Sie jeweils die entsprechende Spalte an:
1 – stimmt
2 – stimmt teilweise
3 – stimmt eher nicht
4 – stimmt nicht

Ich	**1**	**2**	**3**	**4**
… habe mich in der Gruppe wohl gefühlt.				
… konnte meine Stärken einbringen und zum Erfolg beitragen.				
… fühlte mich in der Gruppe ernst genommen.				
… sehe in der vergangenen Arbeit einen persönlichen Gewinn.				
… spürte durchgehend eine starke Motivation.				

Wir	**1**	**2**	**3**	**4**
… haben einander zugehört und jede(n) ausreden lassen.				
… haben die Ideen aller Gruppenmitglieder aufgenommen.				
… haben auftretende Probleme offen angesprochen.				
… konnten mit Konflikten klärend und konstruktiv umgehen.				
… überprüften während der Arbeit immer wieder die Zweckmäßigkeit unseres Vorgehens und nahmen Vorschläge an.				
… haben alle Möglichkeiten zur Bearbeitung des Themas genutzt und den Eigenanteil gut überlegt.				

Die Erarbeitung der Seminarfacharbeit	**1**	**2**	**3**	**4**
… war klar und in Teilschritte zu untergliedern.				
… eine positive Herausforderung mit vielfältigen Anforderungen.				
… konnten wir in der vorgesehenen Zeit bewältigen.				
… wurde vom Lehrer in der erforderlichen Art und Weise unterstützt.				
… wurde vom Fachbetreuer gut inhaltlich begleitet.				

Wenn ich noch einmal eine Seminarfacharbeit schreiben müsste, würde ich Folgendes beachten:

____

____

____

____

____

____

4 Literaturempfehlungen

Birkenbihl, Vera: Das „neue" Stroh im Kopf? Vom „Gehirn-Besitzer" zum „Gehirn-Benutzer", Offenbach 2004

Buzan, T./ North, V.: Mind Mapping – Der Weg zu ihrem persönlichen Erfolg, Wien 1997

Dießner, H.: Neue gruppendynamische Übungen: Kreatives Kommunikations-Management; Basis-Arbeitsbuch. Paderborn 2004

Endres, W. (Hrsg.): Das Portfolio in der Unterrichtspraxis. Präsentations-, Lernweg- und Bewerbungsportfolio. Weinheim und Basel: Beltz 2008

Endres, W. (Hrsg.): Die Endres Lernmethodik. Lehrerbegleitmaterial, Folien und Kopiervorlagen zum Lernen lernen. Eine Materialsammlung für Lehrkräfte (5.–10. Klasse). Mit CD-ROM. Weinheim und Basel: Beltz 2007

Endres, W./Scheib, K.: Methodenmagazin Prüfungsvorbereitung, Zeit- und Arbeitsplanung Sek. II, Weinheim und Basel: Beltz 2009

Flick, Uwe: Qualitative Forschung. Theorie, Methoden, Anwendung in Psychologie und Sozialwissenschaften Reinbek: Rowohlt, 1995

Garten, Matthias: PowerPoint – Der Ratgeber für bessere Präsentationen, Bonn 2011

Klippert, H.: Methodentraining. Übungsbausteine für den Unterricht, 17. Auflage, Weinheim und Basel: Beltz 2007

Plasa, Herrmann: PowerPoint 2010 – einfach besser präsentieren. Technik, Wirkung, Tipps & Tricks

Simon, W.: GABALs großer Methodenkoffer. Grundlagen der Kommunikation. Offenbach: Gabal 2009